Rolf Blancke   **Kunstwerke
in Grün**

Rolf Blancke

Kunstwerke in Grün

Formgehölze

erziehen und

pflegen

103 Farbfotos
32 Zeichnungen

VERLAG
EUGEN
ULMER

Seite 2: Imposante, bogenförmig geschnittene Buchenhecke mit kegelförmig geschnittenen Lorbeerpflanzen im Kübel als Begleiter im Schwetzinger Schloßpark.
Gegenüberliegende Seite: Lorbeer ist eine der wichtigsten, nicht winterharten Kübelpflanzen für den Formschnitt.

Die Deutsche Bibliothek · CIP-Einheitsaufnahme

Blancke, Rolf:
Kunstwerke in Grün: Formgehölze erziehen und pflegen/Rolf Blancke. – Stuttgart (Hohenheim): Ulmer, 1996.
ISBN 3-8001-6600-3

© 1996 Eugen Ulmer GmbH & Co.
Wollgrasweg 41, 70599 Stuttgart (Hohenheim)
Lektorat: Gerhard Bley, Karin Fricker
Layout & DTP-Produktion: Steffen Meier
Druck und Bindung: F.Pustet, Regensburg
Printed in Germany

Vorwort

Seit mehreren Jahren erfreut sich auch in Deutschland eine alte
Tradition, die in Holland oder England schon seit langem
populär ist, wieder einer wachsenden Beliebtheit: die Gestaltung von Formpflanzen.

Bereits seit der Antike werden Pflanzen als Gartenschmuck
geformt und nach den Ideen der Menschen gestaltet. Die
häufigsten Formen der Pflanzengestaltung waren und sind seit
jeher Hecken sowie geometrische Formen wie Kugeln oder
Pyramiden. Aber mit Pflanzen lassen sich auch viele außergewöhnliche Formen gestalten, wie bizarre Pflanzenfiguren als
Groß-Bonsais oder Gehölzflächen.

Aus zahlreichen Gesprächen mit Kunden weiß ich, daß
viele Menschen aus Sorge, den Pflanzen durch unsach-
gemäßen Schnitt Schaden zuzufügen, erst gar nicht mit
der Gestaltung von Pflanzen beginnen. Das vorliegende
Buch soll auch ein Beitrag dazu sein, diese Hemm-
schwelle abzubauen. Jeder Pflanzenliebhaber kann die
wichtigen zur Gestaltung notwendigen Schnittech-
niken problemlos erlernen.

Für die Gestaltung von Formpflanzen benötigt
man außer den Pflanzen und ein paar einfachen
Werkzeugen nur etwas Phantasie und Geduld.
Entlohnt wird man mit zeitlos schönen und
exklusiven Pflanzen im eigenen Garten.

Das Interesse und die Nachfrage an Formgehölzen hat in den letzten Jahren stark zuge-
nommen. Es existieren auch diverse Bücher
über formale Gärten und Gartenkunst, allerdings fehlte bislang ein Buch, welches die
einzelnen Techniken der Gestaltung und die
Pflege der Formpflanzen beschreibt.

Angeregt durch die zahllosen Fragen von
Kunden zur Gestaltung und richtigen Pflege
von Formpflanzen ist dieses Buch entstanden.
Es geht ausführlich auf die Gestaltung der
verschiedenen Formen ein und gibt zahlreiche

Ungewöhnlich ist diese spalierartig an Drähten gezogene Forsythie.

Tips zur Auswahl geeigneter Pflanzen. Ferner werden Anleitungen zum richtigen Pflanzen, zur Pflege und zur Verwendung von Formpflanzen im eigenen Garten gegeben. Darüber hinaus werden auch viele allgemeine Hinweise für die richtige Behandlung von Gehölzen geliefert, die alle auf Erfahrungen durch die langjährige Tätigkeit als Gärtner und Pflanzengestalter beruhen.

Dieses Buch können sie als zuverlässigen Ratgeber benutzen, der die wichtigsten Fragen zu der Gestaltung, zur Pflege und zur Verwendung von Formgehölzen im eigenen Garten beantwortet.

Westerstede, 1996
Rolf Blancke

Inhaltsverzeichnis

Vorwort   5

Eine kurze Geschichte des Formschnitts 11
Die Ursprünge 11
Die Renaissance 13
Der formale Barockgarten 14
Die Pflanzengestaltung im 18. und 19. Jahrhundert 15
Das 20. Jahrhundert 17
Der Einfluß japanischer Gartenkunst 18
Pflanzengestaltung heute 19

Grundformen für Formschnittpflanzen 20
Was für Formen kann man mit Pflanzen selber gestalten? 22
Geometrische Formen 22
Bizarre Formen und Spezialformen 23
Spaliergehölze 26
Hecken 26
Parterre- und Knotenhecken 26
Geformte Gehölzflächen 26

Gartengestaltung mit Formgehölzen 27
Stilmittel bei der Verwendung von Formgehölzen 28
Geometrische Formen 31
Bizarre Formen 32
Spezialformen und Spaliere 34
Gehölze als Grünflächen 35
Kombination von Formpflanzen mit anderen Gehölzen 38
Hecken 39
Formgehölze in Pflanzkübeln 45
Einbindung von Formgehölzen bei der Neuanlage
   eines Gartens 47

Anzucht und Gestaltung von Formgehölzen 52
Auswahl geeigneter Gehölze 54
Grundregeln der Gestaltung 58
Die Wirkung des Formschnitts auf die Pflanze 60

Der richtige Gestaltungsschnitt 61
Umgestaltung von frei gewachsenen Gehölzen zu
    Formpflanzen 64

Gestaltung einer geometrischen Grundform 67
Auswahl einer geeigneten Pflanze für eine geometrische
    Grundform 67
Gestaltung einer Kugel 71
Gestaltung eines Kegels oder Zylinders 71
Gestaltung von Würfeln, Quadern und Pyramiden 73
Gestaltung geometrischer Formen mit Hilfe von
    Maschendrahtgestellen 74
Kiefern für flache Kugeln 75
Besonderheiten bei der Gestaltung geometrischer Formen 75
Gestaltung von Hochstämmen 76

Gestaltung von bizarren Wuchsformen 78
Auswahl von Pflanzen für bizarre Formen 79
Gestaltung einer „japanischen Kiefer" 81
Gestaltung eines bizarr gewachsenen Laubgehölzes 86

Gestaltung von Gehölzflächen 89
Geeignete Pflanzen für Gehölzflächen 90
Die Anlage einer Gehölzfläche 91
Der Gestaltungsschnitt bei einer Gehölzfläche 95
Pflege einer neu angelegten Gehölzfläche 96

Gestaltung von Hecken, Spalieren und
    Baumwänden 97
Auswahl der Pflanzen für Gehölzhecken 98
Pflanzung von Hecken 99
Gestaltungsschnitt bei Hecken 100
Parterre- und Knotenhecken 103
Blühende Hecken 103
Gestaltung von Torbögen und Arkaden 104
Gestaltung von Baumhecken 105
Gestaltung von ornamentalen Spaliergehölzen und
    Baumwänden 105

Spezial- und Phantasieformen 110
Die Gestaltung einer Tierform 110
Die Gestaltung einer Spiralform 113
Pflanzen mit etagenförmigen Aufbau 114
Die Gestaltung von Buchstaben und Ziffern 115

Kübelpflanzen für den Formschnitt 117
Geeignete tropische und subtropische Pflanzen für den
    Formschnitt 117
Spezielle Schnittechnik bei großblättrigen Gehölzen 118
Spezielle Pflege von Formgehölzen in Kübeln 118

Pflege der Formgehölze 120
Der Pflegeschnitt 120
Pflegeschnitt bei geometrischen Grundformen 122
Pflegeschnitt bei bizarren Wuchsformen 124
Pflegeschnitt bei Gehölzflächen 126

9

Pflegeschnitt bei blühenden Gehölzflächen und blühenden
   Gehölzen 129
Pflegeschnitt bei Hecken 129
Pflegeschnitt bei Spaliergehölzen 132
Hinweise zum Ausbessern beschädigter Formgehölze 133
Der Verjüngungsschnitt 136
Verpflanzen von Formgehölzen 139
Düngung 140
Pflanzenschutz 141
Erkrankungen an Formgehölzen 143
Wasserversorgung der Pflanzen 146

Pflanzung 148
Auswahl des Standorts 148
Was man beim Kauf der Pflanzen beachten sollte 149
Zeitpunkt der Pflanzung 155
Vorbereitung des Bodens 156
Richtig pflanzen 157
Behandlung der Gehölze nach dem Pflanzen 159

Geräte und Hilfsmittel 160
Manuelle Schneidegeräte 160
Elektrische Schneidegeräte 162
Pflanzbehälter 164
Stäbe, Draht und Bänder 167

Übersicht über formbare Gehölze 168
Übersicht über in Mitteleuropa winterharte formbare
   Gehölze 169
Übersicht über formbare subtropische und tropische
   Gehölze 174

Verzeichnisse 175
Ausgewählte sehenswerte Beispielgärten
   mit Formpflanzen 176
Bezugsquellen 181
Literatur 183
Glossar 184
Register 188
Bildquellen 192

Eine kurze Geschichte des Formschnitts

Die Ursprünge

Der Formschnitt an Gehölzen hat eine jahrtausendelange Tradition, die weit in die vorchristliche Zeit bis zum alten Ägypten zurückreicht.

Über die genauen Ursprünge ist nicht sehr viel bekannt, da kaum etwas dokumentiert ist. Vorbilder für den Formschnitt gibt es in der Natur reichlich. In Nordafrika zum Beispiel bilden die von Ziegen und Kamelen verbissenen Pflanzen bizarre und kugelige Formen, die aus dem Rhythmus Austreiben — Abfressen — Austreiben resultieren.

In Schottland haben Form-pflanzen eine lange Tradition. Diese phantasievolle Taxus-gruppe befindet sich vor Crathes Castle.

11

Italienischer Renaissance-garten mit niedrigen Buchs-baumhecken und Buchsbaum-kugeln (Giardini Giusti in Verona).

Warum der Mensch begann, Pflanzen nach seinen Ideen zu formen, können wir nur vermuten. Wahrscheinlich gehört die Suche des Menschen nach vollendeten Formen ebenso zu den Gründen, wie der ganz pragmatische Versuch Pflanzen in ihrer Ausdehnung zu kontrollieren oder möglichst viel Grün auf kleinstem Raum zu kultivieren (Heuerding 1994).

Es ist sicher, daß bereits in den Gärten der Villen im alten Rom Formpflanzen verwendet wurden. Plinius der Ältere berichtet in seinem Werk „Historia naturalis" aus dem Jahr 70 von Zypressen, die zu Schiffen, Jagdszenen und anderen realen Objekten geformt wurden. Neben geometrischen Formen wurden vor allem mythische Tierfiguren vornehmlich mit Zypressen und Buchsbaum gestaltet.

Plinius schreibt die Entdeckung, daß man Pflanzen zu bestimmten Formen gestalten kann, Gnaius Mattius, einem

Freund des Kaisers Augustus zu. Wahrscheinlich liegen die Ursprünge des Formschnitts bei Gehölzen aber schon sehr viel früher, zur Zeit der Ägypter und Babylonier, um mehr als 1000 Jahre vor Christi Geburt. Aber durch die Römer, die ihre Villengärten und Innenhöfe mit Formpflanzen schmückten, gelangten gestaltete Pflanzen erstmals zu größerer Bedeutung.

Durch den regen Handelsaustausch in der Antike und mit der Ausbreitung des römischen Imperiums gelangte auch das Wissen über die Gestaltung von Pflanzen in weite Teile Europas. Vor allem in dem durch die Römer besetzten England entstanden zahlreiche römischen Villen mit geformten Gehölzen. Nach dem Zusammenbruch des römischen Reichs verschwanden jedoch auch die Formpflanzen aus den Gärten. Nur in Klostergärten überlebten Formpflanzen in Form von niedrigen Hecken als Beeteinfassungen.

Die Renaissance

In der Renaissance fand auch in der Pflanzengestaltung eine Rückbesinnung auf die Werte der Antike statt (Laird 1994). Das Gedankengut von Plinius und anderen wurde wiederbelebt und mit islamischen und mittelalterlichen Einflüssen vermischt. Der formale, parkähnliche Terrassengarten mit streng gestalteten Gehölzen erlebte eine Blütezeit. Vorherrschend waren rechteckig angeordnete Hecken, die oft zu Labyrinthen gestaltet wurden, und geometrische Formen. Obwohl geformte Pflanzen in Renaissancegärten weit verbreitet waren, wurden sie in der Regel als Strukturelement oder als dekoratives Element in einem übergeordneten geometrischen Schema angesehen. Angetrieben wurde die Pflanzengestaltung durch das Buch „Hypnerotomachia Poliphili" von Francesco Colonna. In diesem Buch, welches bereits damals in mehrere Sprachen übersetzt wurde, finden sich zahlreiche Beispiele für Formpflanzen. Das Spektrum reicht dabei von der Gestaltung von Hecken oder der Ausformung von Tierfiguren bis hin zu absonderlichen Phantasieformen. Aus dieser Epoche stammen zahlreiche berühmte Gärten wie zum Beispiel der Garten der Villa Medici in Castello oder der Villa Quaracchi in Florenz.

13

Parterrehecken aus Buchsbaum, wie sie für französische Barockgärten typisch sind. Die Hecken werden überwiegend zu ornamentalen Mustern gestaltet (Schloßgarten von Villandry).

Der formale Barockgarten

Mit dem Beginn des 17. Jahrhunderts setzte ein erneuter Wertewandel und damit auch ein Wandel in der Art der Pflanzengestaltung ein. Vorherrschend zur Zeit des Barocks waren niedrige Knotenhecken, zumeist aus Buchsbaum, die als Parterrehecken bezeichnet werden. Mit diesen Parterres wurden großflächige ornamentale Muster gestaltet, die häufig mit Blumenrabatten kombiniert wurden. Der Parterregarten entwickelte sich zur beliebtesten Gartenform in Europa mit dem Schwerpunkt in Frankreich. Die strengen und klar gegliederten Formen spiegelten das ebenso klare absolutistische Weltbild der französischen Könige wider. Die Natur wird in eine vom

Menschen geschaffene Ordnung gezwungen und in die Architektur einbezogen. Die Gärten mit den geformten Pflanzen sollten die Wirkung der Architektur, zumeist ein Palast oder Schloß, steigern und zugleich die Macht und Größe des fürstlichen Herren zur Schau stellen (Scharschmidt-Richter 1980).

Einen Höhepunkt fand die streng formale Gestaltung von Pflanzen in der Schaffung der Gärten von Vaux-le-Vicomte und später Versailles durch den Gartenarchitekten André Le Nôtre. Die endlosen Hecken von Versailles haben eine passive, architektonische Funktion und zeigen die symbolische Unterwerfung der Natur. Die Gärten von Versailles hatten Vorbildcharakter und wurden bald in ganz Europa kopiert. Ein bekanntes Beispiel für diesen formal gestalteten Garten in Deutschland befindet sich in Brühl mit dem Garten des Erzbischofs von Köln, der im frühen 18. Jahrhundert angelegt wurde.

Die Pflanzengestaltung im 18. und 19. Jahrhundert

Der Landschaftsgarten

Das 18. Jahrhundert ist geprägt durch die Ausbreitung der Landschaftsgärten mit natürlich gewachsenen Gehölzen. Aber auch formale Elemente blieben erhalten. So kam es in dieser Zeit zu Mischformen, Gärten, in denen natürlich gewachsen Pflanzen mit gestalteten Gehölzen zusammen verwendet wurden. Andere Gärten wiederum wie der des Neuen Schlosses in Bayreuth hielten vollständig an den formalen, geometrischen Gestaltungselementen fest. Um 1800 war der Landschaftsgarten ohne gestaltete Pflanzen in Europa vorherrschend.

In der Romantik erreichte die Gestaltung von Pflanzen einen Tiefpunkt. Viele formale Gärten wurden zerstört oder verwilderten entsprechend den romantischen Ideen ihrer Besitzer. In England warnte man davor, daß bei dem schnellen Umgreifen dieser Methode bald keine drei Bäume mehr in einer Reihe stehen würden. Erst gegen Ende des 19. Jahrhunderts setzte eine Wiederbesinnung auf die Pflanzengestaltung ein und der formale Garten kehrte zurück.

15

Kombination von Formen. Hecken und geformte Einzelpflanzen im Garten des Schlosses Rothmar in Thüringen.

Der neue Garten war eine Mischung aus Landschaftsgarten und gestalteten Pflanzen mit Stilelementen aus Renaissance- und Barockgärten. Alte Hecken und Pflanzenfiguren aus der Barockzeit wurde restauriert. Neue Formen wie Spiralen oder Tierfiguren belebten die formale Gartenkunst. Hinzu kam, daß neue Pflanzenarten wie *Rhododendron* oder *Ilex* als Formpflanzen benutzt wurden. Parterrehecken wurden kombiniert mit geformten Einzelpflanzen, natürlich gewachsenen Pflanzen und Staudenrabatten.

*Linke Seite:
Kunstvoll gestalteter formaler Garten mit Flächen und Hecken aus Buchsbaum und Kegel aus geformtem Liguster, die einen Form- und Farbkontrast zu den blühenden Bäumen bilden (Botanischer Garten in Coimbra, Portugal).*

Das 20. Jahrhundert

Das 20. Jahrhundert ist geprägt durch einen Ideologiestreit von Verfechtern und Gegnern des formalen Gartens und gestalteter Pflanzen. Diese Diskussion hat sich im wesentlichen bis heute erhalten. Formgehölze im Garten geben immer wieder Anlaß zur Bewunderung, aber sorgen manchmal auch für Diskussionen. Oft wird von vergewaltigter Natur gesprochen (Mader und Neubert-Mader 1992). Antworten auf die Frage nach der

*In der japanischen Garten-
kunst dominieren weiche
Formen und sehr naturnah
gestaltete Pflanzen. Häufig
werden diese Pflanzen mit
Teichen kombiniert (Hokko-
kuji-Tempelgarten in Kamaku-
ra, Japan).*

Berechtigung des Formschnitts an Gehölzen gab Edward Prior
bereits 1901. Er sagte sinngemäß: „Wenn Rasenflächen wegen
der Schönheit und Obstbäume wegen des Ertrags geschnitten
werden, warum kann man dann nicht auch Gehölze wegen
ihrer Form schneiden?"

Die Konsequenz ist, daß es bei der Garten- und Pflanzengestaltung immer mehr zu einer Vermischung von formalen
und natürlichen Elementen kommt. Die Verbindung von
strengen Formen mit nicht formalen Elementen hat einen speziellen Reiz, der die Attraktivität eines Garten erheblich steigern
kann.

Der Einfluß japanischer Gartenkunst

Außer den klassischen europäischen Elementen hat auch die
japanische Kunst der Pflanzengestaltung große Bedeutung in
modernen Gärten erlangt. Bereits um 1600 gelangten durch die
Ostindischen Kompanien sowohl Waren als auch Schilderungen
über die Gartenkunst aus China und Japan nach Europa und

vor allem nach England. Auch in der Pflanzengestaltung wurden diese überlieferten asiatischen Elemente zum Teil übernommen.

Der japanische Garten steht im krassen Gegensatz zu den formalen Gärten Europas. Am ehesten sind japanischen Gärten mit englischen Landschaftsgärten vergleichbar. Der japanische Garten ist eine verkleinerte, natürlich angeordnete, aber künstlich erzeugte Landschaft. Durch eine Reduktion der Mittel wird eine Abstraktion der Formen erzielt. Der japanische Garten will als ein Kunstwerk verstanden werden.

Die Reduktion der Formen und die Verkleinerung der Landschaft sind durch die Bonsaipflanzen populär geworden. Aber auch große Pflanzen werden nach diesem Prinzip gestaltet. Das Ziel der Landschaftsreduktion erfordert aber auch ein Schneiden der Gehölze. Allerdings bleibt die Formgebung immer dezent und wirkt nie streng. Im Gegenteil unterstreicht der Schnitt den natürlichen Charakter der Pflanze, indem ihre wesentlichen Merkmale betont werden.

Geformte Buchsbaumkugeln in Terrakotten erzeugen ein mediterranes Flair.

Pflanzengestaltung heute

In einzelnen Gärten, besonders in England und Holland, ist der Formschnitt bei Gehölzen immer lebendig geblieben. So sind die Techniken und Gestaltungsmöglichkeiten bis heute überliefert worden.

Heute haben geometrische Formen im Garten genauso ihren Platz wie natürlich gewachsene Gehölze. Klassische Elemente können mit modernen Formen wie bizarr geformten Gehölzen und mit natürlich gewachsenen Gehölzen kombiniert werden.

Die Anpflanzung von Formpflanzen ist letztendlich eine Frage des persönlichen Geschmacks geworden. Allerdings ist seit einigen Jahren eine deutliche Zunahme an geformten Pflanzen sowohl in privaten als auch in öffentlichen Gärten festzustellen.

Die moderne Pflanzengestaltung ist eine Fortführung einer sehr alten Tradition und verdient deshalb zu Recht verstärkt Beachtung.

Grundformen für Formschnittpflanzen

Die Gestaltung von Gehölzen ist ein ideales Mittel, um im eigenen Garten ohne großen finanziellen Aufwand für interessante Effekte zu sorgen. Vorbilder sind dabei sicherlich die vielen prächtig angelegten herrschaftlichen Gärten der Renaissance- und Barockschlösser. Die klassischen Formen wie Kugeln oder Pyramiden, die charakteristisch für formale Gärten sind, bleiben auch in heutigen Zeiten noch wichtige Gestaltungselemente in privaten Gärten.

Aber die moderne Pflanzengestaltung hat viel mehr Möglichkeiten der Formgebung wie zum Beispiel Gehölzflächen oder bizarre Gehölzformen und eine weitaus größere Auswahl an formbaren Gehölzen. Interessante Möglichkeiten bietet auch die japanische Gartenkunst. Von dort stammt zum Beispiel die Idee für die Gestaltung von Groß-Bonsais, die in Gärten als exotische Charakterformen verwendet werden können.

Formal gestalteter Garten mit großen Flächen aus Buchsbaum und einer Gruppe von Buchsbaumkugeln. Im Hintergrund rechts befindet sich ein halbkugelförmig geschnittener Zierapfel (Malus 'Evereste').

Große, abgerundete Kegel aus gelblaubigem Buchsbaum in einer Staudenrabatte. Das Foto zeigt, daß sich geometrische Formen sehr gut mit nicht-formalen Elementen verbinden lassen.

Formgehölze müssen im Garten keine streng formale Stimmung erzeugen, wie es in früheren Zeiten üblich war. Sie lassen sich durchaus modern arrangieren, indem sie beispielsweise mit natürlich gewachsenen Pflanzen oder anderen Formpflanzen kombiniert werden.

Landschaften, mit der Heckenschere geformt

Mit Formpflanzen lassen sich nicht nur Einzelpflanzen gestalten, sondern auch ganze Gärten. Die einzelnen Elemente wie Gehölzflächen und geometrische Formen lassen sich dabei gut verbinden und aufeinander abstimmen. Attraktiv wirken unregelmäßige Arrangements mit Gehölzflächen, Groß-Bonsais und geometrischen Formen, die in Gruppen zusammengefaßt werden oder aber auch einzeln stehen können.

Einzelne Gehölzarten bieten großen gestalterischen Spielraum

Bei Gärten, die Landschaften nachempfunden sind, werden häufig viele verschiedene Gehölzarten angepflanzt. Bei der Gestaltung eines Gartens mit Formpflanzen ist dies nicht notwendig. Man kann schon mit einer Gehölzart wie zum Beispiel der Eibe oder dem Buchsbaum eine Vielzahl verschiedener Formen

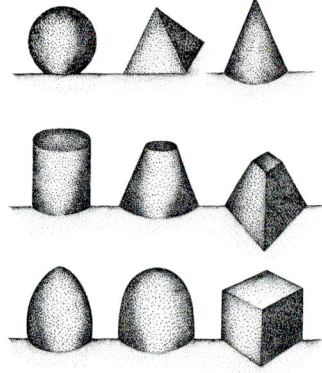

gestalten. Formpflanzen wirken vornehmlich durch ihre Gestalt und ihre Einbindung in den gesamten Garten. Die verschiedenen Formen und Gestaltungsmöglichkeiten sorgen für Abwechslung.

Womit fängt man an?

Die für die Gestaltung von Pflanzen wichtigen Handgriffe sind schnell erlernt. Die Formgebung kann man am besten durch die Gestaltung einer geometrischen Grundform oder einer Gehölzfläche erlernen. Am besten ist es, wenn man die Gehölze von Anfang an freihändig schneidet, um ein Gefühl für die Form zu bekommen. Die ideale Pflanze für den Anfang ist die Eibe, die Schnittfehler rasch durch einen neuen Austrieb ausgleicht. Später kann man sich auch an komplexe Formen wie Spiralen, Tierformen und Groß-Bonsais heranwagen.

Geometrische Formen für den Formschnitt. Oben: Kugel, Pyramide, Kegel. Mitte: Zylinder, Kegelstumpf, Pyramidenstumpf. Unten: Ei, Bienenkorb, Quader.

Was für Formen kann man mit Pflanzen selber gestalten?

Im Bereich der Formgehölze existiert eine große Vielfalt an Möglichkeiten wie geometrisch geformte Einzelpflanzen, bizarre Figuren, Gehölzflächen, Spaliere, Hecken, Phantasieformen und viele mehr.

Geometrische Formen

Geometrisch geformte Gehölze faszinieren durch ihre Schlichtheit und Eleganz. Seit mehr als 2000 Jahren werden diese Formen deshalb bevorzugt in formalen Gärten eingesetzt. Aber auch im Privatgarten vermitteln diese Pflanzen einen Hauch von Noblesse.

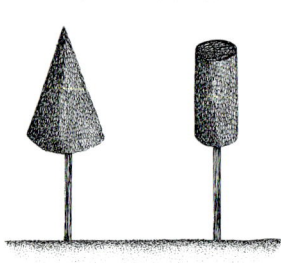

Kugel, Pyramide, Zylinder und Kegel: Diese vier Formen gelten als die klassischen Grundformen der formalen Gestaltung von Pflanzen und besitzen eine lange Tradition in europäischen Gärten.

Bienenkorb und Ei: Beide Formen sind Abwandlungen vom Kegel bzw. von der Kugel. Die Bienenkorbform ähnelt der Eiform, die sich jedoch oben und unten stärker verjüngt.

Geometrische Formen für Hochstämme.

22

Kegel- und Pyramidenstumpf: Diese beiden Formen sind Abwandlungen der klassischen Formen Kegel und Pyramide, bei denen die Spitze abgeflacht ist.

Quader und Würfel: Würfel und Quader gehören ebenfalls zu den traditionellen Formen, werden aber seltener verwendet. Beide Formen wirken sehr statisch und ruhig.

Kugel, Pyramide, Zylinder und Kegel auf Hochstamm: Hochstämme sind dekorative Variationen der klassischen Grundformen. Sie sind dabei besonders gut als Kübelpflanzen geeignet. Hochstämme lassen sich relativ leicht selber anziehen, können aber auch in großer Auswahl fertig gekauft werden.

Bizarre Formen und Spezialformen

„Japanische Kiefer": Die Pflanzen erinnern im Aussehen stark an Bonsais. Oft werden diese Pflanzen daher auch als Groß-Bonsais bezeichnet. Die Gestaltung dieser Pflanzenformen läßt viel Platz für die eigene Phantasie und Kreativität. Allerdings erfordert die Gestaltung einer bizarren Figur viel Gefühl für Form und stellt hohe Anforderungen an den Gestalter. Kiefern eignen sich mit ihrem bizarren Wuchs ideal zur Gestaltung von Groß-Bonsais. Mit diesen Groß-Bonsais erhält der Garten ein fernöstliches Aussehen.

Gehölze mit schirm- oder dachförmiger Krone: Dachförmig gezogene Gehölze sind seit langem fester Bestandteil französischer Schloßgärten. Gut geeignet sind die Platane, die Linde sowie Zierapfel und Weiß- beziehungsweise Rotdorn. In Deutschland sind Gehölze mit schirmförmig gestalteten Kronen nur äußerst selten zu sehen.

Spiralen und etagenförmige Figuren: Spiralen werden häufig als Einzelpflanzen wie die klassischen geometrischen Grundformen verwendet. Etagenförmig gestaltete Pflanzen werden oft für die Verzierung von Hecken oder in Verbindung mit anderen Formgehölzen wie zum Beispiel Gehölzflächen eingesetzt.

Tier- und Phantasieformen: Auch wenn die Gestaltung von Tierformen aus Pflanzen keine englische Erfindung ist, so werden die Tierformen häufig mit typisch englischen Gärten in Verbindung gebracht. An diesen Formen kann man seiner Phantasie freien Lauf lassen und kreativ gestalten.

Formen für „japanische Kiefern": oben als Groß-Bonsai, unten mit schirm- oder dachförmiger Krone.

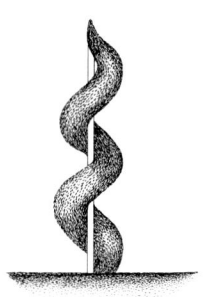

Oben: Spiralform, unten: Gehölz mit etagenförmiger Krone.

Oben: Mit Eiben lassen sich sehr
vielfältige Formen gestalten.
Hier etagenförmig geschnittene
Eiben in einem Schloßpark.
Rechts: Mit Hecken lassen sich
große Gärten in einzelne Räume
unterteilen.
Unten: Mächtige Eibenfiguren im
Garten von Levens Hall zeigen
die lange Tradition der Pflanzengestaltung in Großbritannien.

Spaliergehölze

Als Spaliere bezeichnet man eine spezielle Form der Pflanzengestaltung, bei der die Äste des Gehölzes entlang von Drähten geführt werden. Spaliere können freistehend angeordnet sein oder aber an Mauern gepflanzt zur Eingrünung von Fassaden dienen. Es lassen sich interessante Pflanzenfiguren wie zum Beispiel fächerförmige Spaliere gestalten. Besonders häufig werden Obstgehölze zu Spalieren geformt. Zu den Spaliergehölzen zählt man auch die Baumwände, die als Großhecke entlang von Drähten gezogen werden.

Hecken

Hecken sind die am häufigsten verwendeten Formpflanzen. Sie dienen als grüne Wände zur Abgrenzung von Grundstücken und erfüllen verschiedene Schutzfunktionen.

Hecken können einen rechteckigen, trapezförmigen, dreieckigen oder halbrunden Querschnitt haben. Werden die Hecken aus Bäumen gebildet, so spricht man von Baumhecken.

Parterre- und Knotenhecken

Bei beiden Heckenformen handelt es sich um niedrige Hecken, zumeist aus Buchsbaum, die ursprünglich als Einfassung für Beete gedacht waren. In der Renaissance wurden aus den Beeteinfassungen komplexe geometrische Muster geformt. Während man als Parterrehecken alle niedrigen Hecken zur Beeteinfassung bezeichnet, sind Knotenhecken die typisch englische Variante mit stark verschlungenen Mustern.

Geformte Gehölzflächen

Gehölzflächen sind Anpflanzungen aus Gehölzen, die durch regelmäßigen Schnitt niedrig gehalten werden und eine geschlossenen Oberfläche bilden. Die Fläche ergibt sich aus der dichten Pflanzung und dem Schnitt. Im Gegensatz zu Bodendeckern sind Gehölzflächen deutlich höher und müssen, um eine einheitliche Fläche zu bleiben, regelmäßig geschnitten werden.

Es gibt Gehölzflächen, die aus immergrünen Gehölzen wie japanischem Ilex oder Buchsbaum bestehen sowie blühende Gehölzflächen. Gehölzflächen im Garten sind durch ihr außergewöhnliches Erscheinungsbild immer ein Garant für interessante Effekte.

Gartengestaltung mit Formgehölzen

Die Verwendungsmöglichkeiten von Formgehölzen im eigenen Garten sind sehr vielfältig. Trotzdem sind bei uns in Deutschland Formgehölze, abgesehen von Hecken, in Privatgärten noch immer etwas Außergewöhnliches, ganz im Gegensatz zu England, wo Formpflanzen in Gärten eine lange Tradition haben.

Formgehölze können prinzipiell in jeden Garten unabhängig von der Größe eingebunden werden. Besonders einzeln stehende Formpflanzen wie zum Beispiel eine bizarr geformte Kiefer eignen sich sehr gut auch für kleinere Gärten. Außerdem lassen sich die Gehölze durch den Formschnitt in der Größe regulieren und so der Gartengröße anpassen.

Akkurat geschnittene Hainbuchenhecke als Abgrenzung von Gartenteilen. Die Torbögen verstärken die abgrenzende Wirkung der Hecke.

Allgemeine Tips für die Verwendung von Formgehölzen

- Formpflanzen sind als Stilmittel in Gärten sparsam und an ausgesuchten Orten einzusetzen. Es gilt der Grundsatz: weniger ist mehr.
- Für wirkungsvolle Effekte genügen meist wenige Gehölzarten. Dabei sollte man sich auf bewährte und robuste Gehölze verlassen.
- Man muß bedenken, daß Formpflanzen auch nach Jahren noch für den Schnitt zugänglich sein müssen.
- Die Größe und Art der Formpflanzen ist der Gartengröße und dem Aussehen des Gartens anzupassen.
- Oft wirken kleine Gruppen von Formpflanzen interessanter als eine völlig isolierte Pflanze.
- Formgehölze sind erheblich auffälliger als natürlich gewachsene Pflanzen. Die Bepflanzung muß daher auf die Formpflanze abgestimmt werden.
- Der Einsatz von Formgehölzen im Garten unterliegt vor allem dem persönlichen Geschmack und dem eigenen Gefühl für Ästhetik und Form.

Stilmittel bei der Verwendung von Formgehölzen

Bewegung

Bewegte Formen können auf verschiedene Weisen erzeugt werden. Geschwungene sanfte Formen wie zum Beispiel eine gebogene Hecke oder wellenförmige Gehölzflächen können Bewegung vermitteln.

In Gehölzflächen mit geraden Außenkanten kann man Bewegung durch kurvig verlaufende Wege erzeugen. Aber auch Einzelpflanzen wie beispielsweise spiralförmig geschnittene Pflanzen oder Tierfiguren können am richtigen Ort Dynamik ausstrahlen.

Höhung und Wölbung

Durch Überhöhung und Wölbungen können sowohl Bewegungen als auch Spannungen hervorgerufen werden. Beispiele

28

sind Wölbungen in Gehölzflächen oder in Hecken. Wölbungen sind ein sehr wichtiges Gestaltungsmittel bei Gehölzflächen, um die Eintönigkeit der Fläche zu durchbrechen.

Raumachsen

Achsen können die Blicke des Gartenbesuchers in bestimmte Richtungen lenken. Besonders durch Hecken in Verbindung mit Wegen kann man Achsen im Garten festlegen. Durch die Verwendung von Achsen läßt sich eine visuelle und räumliche Aufteilung des Gartens erzielen.

Rhythmik

Rhythmik kann man auf vielfältige Weise durch Wiederholung von bestimmten Gestaltungselementen erzeugen. Man kann auf einer Hecke in gleichmäßigen Abständen einen Kegel gestalten, um eine Rhythmik in der Hecke zu erzeugen. Auch die Wiederholung von gleichartig gestalteten Pflanzen bewirkt eine Rhythmik im Gesamtbild des Gartens.

Geometrisch geformte Gehölze sind ideal, um im Garten Akzente zu setzen. Paarweise angeordnet bilden die beiden Buchsbaumkugeln einen beruhigenden Rahmen für die Gartenbank.

29

Niedrige Buchsbaumhecken als Abgrenzung von Stauden-beeten. Das satte Grün des Buchsbaum harmoniert sehr gut mit blühenden Stauden.

Spannung

Kontraste erzeugen Spannung und tragen erheblich zum Reiz eines Gartens bei. Möglich sind bei Formpflanzen vor allem Farb-, Größen- und Formkontraste. Kontraste lassen sich relativ leicht hervorrufen. Man kann als Formkontrast eine Kugel mit einem Kegel oder einem Quader kombinieren. Auch gestaltete Pflanzen in unmittelbarer Nähe von natürlich gewachsenen Gehölzen sorgen für Spannung. Farbkontraste können durch unterschiedliche Laubfärbungen und Blüten-

Die Wirkung von Formgehölzen im Garten

Formgehölze haben wegen ihrer außergewöhnlichen Form im allgemeinen eine sehr viel intensivere Ausstrahlung als normal gewachsene Pflanzen und müssen deshalb harmonisch und mit Feingefühl in das Gartenbild eingefügt werden.

30

farben erzielt werden. Sehr attraktiv wirken auch die intensiv gelben Blüten von Narzissen oder die weißen Blüten von Azaleen in Verbindung mit dem dunkelgrünen Laub von Eiben. Aber auch bewußte Asymmetrien oder Ungleichgewichte, wie zum Beispiel eine schräg über die Wasserfläche eines Teiches ragende bizarre Kiefer, erzeugen Spannung beim Betrachter.

Statik

Statische Effekte kann man besonders gut mit geometrisch geformten Einzelpflanzen erzeugen. Quader, Pyramiden, Zylinder und Kugeln strahlen durch ihre Statik Ruhe und Kontinuität aus. Aber auch Hecken, die langgestreckt sind und einen rechteckigen oder trapezförmigen Querschnitt haben, wirken statisch.

Geometrische Formen

Geometrische Grundformen wie Kugeln, Kegel, Zylinder, Pyramiden und Quader sind ideal dafür geeignet, einzelne Akzente im Garten zu setzen. Darüber hinaus können sie leicht mit anderen Formpflanzen wie Gehölzflächen oder Hecken kombiniert werden. Auch können diese Formen in Verbindung mit architektonischen Elementen deren Wirkung unterstreichen, indem beispielsweise vor eine Mauer Quader gepflanzt werden. Ferner eignen sich geometrische Formen sehr gut, um Eingänge und Auffahrten zu schmücken. Ecken, die durch Wege gebildet werden, können durch geometrische Formpflanzen verziert werden.

Wie kommen die geometrischen Formen am besten zur Geltung?

Geometrische Figuren sind optimal als zentraler Blickpunkt eines Gartens geeignet, auf den die anderen Gartenelemente abgestimmt werden. Als zentrale Formpflanze kann eine große Eibenfigur dienen oder ein halbkugelig gestalteter Weißdorn oder Zierapfel. Imposant wirken auch Gruppen von perfekt ausgeformten Figuren, wobei die einzelnen geometrischen

Allee aus Eibensäulen an einem Natursteinweg eines englischen Gartens. Der Blick wird gelenkt, die Achse des Weges betont.

31

Formen gemischt werden können. Die Gruppen können in eine Gehölzrabatte integriert werden oder aber auch als Blickfang auf einer Rasenfläche positioniert werden.

Sehr gut eignen sich geometrische Formen für die Verwendung in Terrakottagefäßen zur Dekoration.

Bizarre Formen

Bizarre Formen wie zum Beispiel eine „japanische Kiefer" können sehr gut als charaktervolle Einzelpflanzen verwendet werden. Eine bizarre Pflanzenfigur wirkt durch sich allein und braucht nicht unbedingt viel Beiwerk in Form von anderen Pflanzen. Auch die Größe einer „japanischen Kiefer" ist bei entsprechender Angleichung der Umgebung nicht entscheidend. Die Idee für diese bizarr geformte Pflanze geht ja letztendlich auf die Bonsaipflanzen zurück. Diese Gehölze eignen sich deshalb besonders gut für kleine Gärten und kleine Flächen wie Innenhöfe oder Terrassen. Ferner sind bizarr gewachsene Einzelpflanzen gut als Dekoration von Eingangsbereichen von Geschäften und Wohnungen zu verwenden.

Wie bringt man eine bizarre Pflanzenfigur am besten zur Geltung?

Wird die bizarre Pflanze in einen Garten integriert, so muß die Umpflanzung auf die bizarre Form abgestimmt werden, damit ein harmonischer Gesamteindruck entsteht. Bizarr geformte Pflanzen wirken sehr dominant und stellen einen Blickfang dar. Die angrenzende Bepflanzung sollte der bizarren Form untergeordnet sein und dezent gehalten werden, damit die Wirkung der Formpflanze nicht gemindert wird. Ungeeignet als Begleitbepflanzung sind zum Beispiel Pflanzen mit sehr auffälliger Laubfärbung oder Pflanzen, die dicht an die Formpflanze reichen und diese überragen. Geeignet ist aber eine Unterpflanzung mit Bodendeckern, niedrigen Stauden oder einer Gehölzfläche.

Man kann auf eine Bepflanzung in der Nähe auch ganz verzichten, die bizarre Form vor eine Wand oder Hecke plazieren und die Form für sich sprechen lassen.

Kiefern haben besondere Ansprüche an das Licht

Kiefern sind sehr lichtbedürftige Pflanzen und benötigen deshalb einen sonnigen Standort. Ein schattiger Standort führt dazu, daß sowohl die Pflanze als auch die Blattkissen locker werden. Auch ist die Färbung des Laubs an einem hellen Standort wesentlich intensiver.

In Einzelfällen können diese Gehölze verwendet werden, um das strenge und formale Gesamtbild eines Gartens aufzulockern. Bizarr gewachsene Gehölze bilden dabei einen starken Kontrast zu geometrischen Formen und zu Gehölzflächen.

Bizarre Pflanzenformen können sehr gut mit Feldsteinen oder Steingärten kombiniert werden. Besonders geformte Bergkiefern (*Pinus mugo* in Sorten), die an ihrem natürlichen Standort im Gebirge auf Felsen wachsen, verstärken die Wirkung der Steine durch ihren Wuchs.

Bizarre Gehölze und Teiche

Bizarr geformte Gehölze wie zum Beispiel Waldkiefern lassen sich besonders gut mit Gartenteichen kombinieren. Man kann im Uferbereich des Teichs zum Beispiel eine schräg gepflanzte Kiefer über die Wasseroberfläche ragen lassen. Durch entsprechende Abstützung des Stamms mit Baumpfählen oder mit einem Feldstein kann man den Stamm so stark neigen, daß die Blattkissen dicht über der Wasseroberfläche zu schweben scheinen, was dem Teich ein außergewöhnliches Erscheinungsbild verleiht. Mit der Zeit wird der Stamm wieder in die Vertikale wachsen, den Bogen jedoch beibehalten. Allerdings dürfen die Wurzeln der Gehölze nicht durch Staunässe oder Überflutung gefährdet werden.

Spezialformen und Spaliere

Speziell ausgeformte Pflanzen wie zum Beispiel eine Tierfigur oder eine spiralig geformte Pflanze müssen in einen Garten sehr sorgfältig eingebunden werden, damit sie nicht deplaziert wirken. Gerade in kleinen Gärten wirken solche außergewöhnlichen Formen sehr dominant gegenüber allen anderen Gartenelementen. Spiralig und etagenförmig gestaltete Gehölze können aber prinzipiell wie alle andere geometrische Formen im Garten verwendet werden.

Spaliere können entweder freistehend angeordnet sein oder aber an eine Mauer oder Wand gepflanzt werden. Wie auch Baumhecken eignen sich Spaliere hervorragend zur Eingrünung

Bei der Gestaltung von Form-gehölzen kann man seiner Phantasie freien Lauf lassen. Auch außergewöhnliche Formen wie diese Tierfiguren lassen sich mit Buchsbaum und Eibe relativ leicht gestalten.

von Fassaden. Darüber hinaus kann man freistehende Spaliere wie Hecken zur Aufteilung von Räumen oder zur Abgrenzung des Grundstücks einsetzen.

Gehölze als Grünflächen

Ein besonders außergewöhnlicher Effekt läßt sich durch eine geschnittene Gehölzfläche als blühende Grünfläche oder auch nur als Grünfläche erzielen. Diese Art der Pflanzengestaltung ist in Deutschland bislang recht wenig verbreitet. Aus Erfahrung weiß ich, daß gleichmäßige und dichte Gehölzflächen aus Buchsbaum oder Ilex immer wieder große Bewunderung bei den Betrachtern auslösen. Besonders attraktiv sind natürlich blühende Gehölzflächen. So lassen sich zum Beispiel mit blühenden Diamant-Azaleen wunderbare Blütenteppiche in verschiedenen Farbtönen zaubern.

Gehölzflächen statt Rasen

Gehölzflächen stellen eine ideale Alternative zu Rasenflächen dar. Gehölzflächen werden nur ein- bis zweimal im Jahr geschnitten und benötigen sonst keine weitere aufwendige Pflege. Man braucht keinen Rasenmäher, kaum Dünger und normalerweise keine Pflanzenschutzmittel.

35

Sehr leicht kann man auch Rasenflächen zu Gehölzflächen umwandeln. Dazu wird der Rasen mit dem Spaten untergegraben und anschließend mit den Gehölzen bepflanzt. Da unter den Gehölzen Lichtmangel herrscht, besteht keine Gefahr, daß das Gras dauerhaft wieder hochkommt.

Wo lassen sich Gehölzflächen anlegen?
Für die Anlage einer Gehölzfläche sind grundsätzlich alle Freiflächen im Garten geeignet. Nur sollte die Fläche nicht zu klein sein, damit sie später im bepflanzten Zustand noch als Fläche erkennbar ist. Gehölzflächen eignen sich sehr gut für größere Gärten.

Einmal angepflanzte Gehölzflächen lassen sich nicht so leicht umsetzen wie Einzelgehölze. Man muß sich also von vornherein über die Plazierung der Fläche im klaren sein. Einerseits sollte die Gehölzfläche nicht in eine Ecke des Gartens gedrängt werden, da sie dort weniger zur Geltung kommt. Eine zentrale Lage inmitten des Gartens kann aber spätere Planungen oder Umgestaltungen behindern. Ideal ist also eine Lage, die ein wenig aus dem Zentrum des Gartens herausgerückt ist.

Gehölzflächen mit einem auffälligen Blühaspekt wie bei der Azaleensorte 'Kermesina' benötigen einen sonnigen Standort, damit die Blütenbildung gefördert wird.

Der Pflegeaufwand von Rasen und Gehölzfläche im Vergleich

Gehölzfläche:
• Ein Pflegeschnitt im Frühling.
• Bei Bedarf ein weiterer Pflegeschnitt im Herbst.
• Bei starkem Schneefall eventuell Entfernung des Schnees.

Rasen:
• Im Frühjahr Vertikutieren des Rasens zur Belüftung.
• Während der Vegetationsperiode wöchentliches oder zweiwöchentliches Mähen (15 bis 20 Mal pro Jahr).
• Mechanische oder chemische Unkrautbekämpfung.
• Im Herbst Vertikutieren zur Moosbekämpfung.
• Einsammeln des Laubs.

Wie bringt man eine Gehölzfläche am besten zur Geltung?

Eine waagerechte und rechteckige Gehölzfläche kann unter Umständen etwas streng und formal wirken. Besonders deutlich wird dieser Gegensatz in Gärten mit einem hohen Anteil an natürlich gewachsenen Pflanzen. Um die Gehölzflächen aufzulockern, kann man unregelmäßige oder geschwungene Grundrisse anlegen und die Gehölzoberfläche in der Höhe variieren, indem man den Untergrund vor dem Pflanzen in kleine Berge und Täler vorformt. Ferner lassen sich in Gehölzflächen andere Formpflanzen oder auch natürlich gewachsene Gehölze integrieren.

Gehölzflächen und Wege

Wege innerhalb der Gehölzflächen erleichtern nicht nur die Pflege, sondern können auch als Stilelement benutzt werden. Große Gehölzflächen lassen sich durch schmale Wege in separate Flächen unterteilen. Die Wege brauchen nicht mehr als 50 cm breit zu sein. Zu breite Wege zerreißen die Gehölzflächen visuell und sollten daher vermieden werden.

Bäume, Schatten und Wasserverbrauch

Unbedingt meiden sollte man große Bäume in unmittelbarer Nähe der Gehölzfläche. Der eine Grund dafür ist, daß Gehölzflächen unter Bäumen wegen mangelnden Lichts nicht so dicht

Gehölzflächen müssen nicht eben sein. Durch Variation in der Gehölzoberfläche können interessante Effekte wie zum Beispiel fließende Formen erzeugt werden.

37

werden wie an einem sonnigen Standort. Ferner tritt zwangs-
läufig eine Konkurrenz mit dem Baum um das bodennah
verfügbare Wasser ein, das der Baum mit seinem gut ausgebil-
deten Wurzelwerk viel besser nutzen kann als die neu angepflanzte Gehölzfläche. Die Folge ist, daß man diese Teile der
Gehölzfläche im Sommer sehr häufig wässern muß, um
Trockenschäden zu vermeiden.

Kombination von Formpflanzen mit anderen Gehölzen

Kombination mit Formpflanzen

Optimal lassen sich einzeln stehende Formpflanzen mit Gehölzflächen kombinieren. Die beiden Elemente verstärken sich
dabei gegenseitig in der Wirkung. Die Einzelpflanze lockert die
Fläche auf und wird von der Gehölzfläche eingerahmt. Anstatt
der Gehölzfläche können auch Bodendecker, niedrige Stauden
oder Sommerblumen zur Unterpflanzung benutzt werden.

Bizarre Gehölzformen und streng geometrische Formen
harmonieren wegen der unterschiedlichen Stilrichtungen nicht
so gut miteinander. Beide Elemente können aber einzeln
problemlos mit Hecken oder Gehölzflächen kombiniert werden.

Mit Formpflanzen lassen sich sehr schöne Kontraste
erzeugen, die sowohl die Wirkung der Formpflanze wie auch
des Umfelds erhöhen. Attraktiv wirken zum Beispiel Farbkontraste, wie sie entstehen, wenn man beispielsweise tiefgrüne
Eibenformen vor eine weißblühende Zierapfelhecke oder
inmitten einer rosablühenden Azaleenfläche plaziert.

Kombination von einzelstehenden Formpflanzen mit natürlich gewachsenen Pflanzen

Formpflanzen lassen nicht nur mit anderen Formpflanzen,
sondern auch mit natürlich gewachsenen Pflanzen problemlos
verbinden. Dabei sollte man jedoch beachten, daß die anderen
Pflanzen die Wirkung der Formpflanzen betonen und nicht
mindern. Ein gewisse räumliche Distanz zu der Formpflanze
sollte daher von den Nachbarpflanzen eingehalten werden.

Formpflanzen, die von größeren Pflanzen verdeckt oder über-ragt werden, verlieren an Wirkung. Durch die Kombination von Formpflanzen mit natürlich gewachsenen Gehölzen lassen sich interessante Kontraste erzeugen. Zum Beispiel passen geome-trisch geformte Gehölze sehr gut zu den grazilen japanischen Ahornarten (*Acer palmatum*), die die Wirkung der Formpflanzen betonen.

Gerade für kleine Gartenräume bieten sich Formgehölze an. Auch im Herbst und im Winter geben sie dem Garten Struktur. Freiwachsende Bäume und Sträucher würden hier schnell zu groß werden.

Hecken

Hecken erfüllen als grüne Wände traditionell verschiedene Aufgaben als Sicht-, Lärm-, Wind- oder Durchdringungsschutz. Darüber hinaus werden Hecken meist als Abgrenzung des eigenen Grundstücks gegen das Nachbargrundstück gepflanzt.

39

Subtropische Gartenimpression von Blandy's Garden auf Madeira mit Buchsbaum als Wegeinfassung. Die niedrige Hecke verstärkt die Wirkung der geschwungenen Wegführung und grenzt gleichzeitig die Rabatte vom Weg ab.

Verschiedene Heckenarten mit einer Auswahl von dafür geeigneten Gehölzen

Sicht-, Wind-, Lärmschutzhecken
Eibe (*Taxus baccata*), Rotbuche (*Fagus sylvatica*), Hainbuche (*Carpinus betulus*), Kirschlobeer (*Prunus laurocerasus*), Feldahorn (*Acer campestre*), Buchsbaum (*Buxus sempervirens* in Sorten).

Parterre und Knotenhecken
Buchsbaum (*Buxus sempervirens*), Berberitze (*Berberis* in Arten und Sorten), Bergkiefer (*Pinus mugo*), Liguster (*Ligustrum* in Arten und Sorten), Immergrüne Heckenkirsche (*Lonicera nitida*), Ilex (in Arten und Sorten).

Blütenhecken
Rhododendron 'Cunningham's White', Zierapfel (*Malus* in Sorten), Spierstrauch (*Spiraea japonica* in Sorten), Flieder (*Syringa* in Arten und Sorten), Fingerstrauch (*Potentilla fruticosa* in Sorten), Johannisbeere (*Ribes* in Arten und Sorten), Schneeball (*Viburnum bodnantense* 'Dawn'), Weiß- und Rotdorn (*Crataegus monogyna*).

Hecken mit auffälligem Fruchtschmuck:
Feuerdorn (*Pyracantha* in Sorten), Eibe (*Taxus baccata*), Mispel (*Cotoneaster* in Arten und Sorten), Ilex (*Ilex* in Arten und Sorten).

Hecken mit Dornen oder Stacheln:
Weiß- und Rotdorn (*Crataegus monogyna*), Berberitze (*Berberis* spec.), Schlehe (*Prunus spinosa*), Feuerdorn (*Pyracantha* in Sorten), Ilex (*Ilex* in Arten und Sorten).

Ferner eignen sich Hecken hervorragend um stille Ecken und Winkel zu schaffen oder den Garten für verschiedene Nutzungsarten zu gliedern. Hecken leisten auch einen Beitrag zum Vogelschutz, da diese von Vögeln gern als Nistplatz und die Früchte als Nahrung genutzt werden.

Ornamentale Hecken
Über den reinen Nutzen hinaus können Hecken als Dekoration interessant gestaltet werden. Für eine ornamentale Hecke mit Verzierungen oder Rundungen ist meist nur wenig mehr Platz erforderlich als für eine gerade Hecke.

So lassen sich mit Hecken windgeschützte Räume abgrenzen, die als Grillplatz oder Laube genutzt werden können.

Aus stehengelassenen Trieben lassen sich auf der Hecke Verzierungen wie zum Beispiel Zinnen oder Kegel ausformen.

Die Verzierungen auf Hecken sollten allerdings sparsam eingesetzt werden, damit die Hecke nicht überladen wirkt. Weniger ist in diesem Falle häufig mehr. Es genügt für einen interessanten Effekt, wenn man eine Hecke, die sich um das ganze Grundstück zieht, an jeder Ecke mit einer Verzierung versieht.

Parterrehecken und Knotenhecken

Parterre- und Knotenhecken, die bei uns vor allem aus Bauerngärten bekannt sind, erfüllen im Garten zum einen eine dekorative Funktion als Einfassung von Blumen- oder Gemüsebeeten und zum anderen schützen sie die eingeschlossenen Beete.

Darüber hinaus kann man niedrige Hecken auch zur Unterteilung von Rasenflächen oder zur Kompartimentierung des Gartens benutzen. Ideal sind Parterrehecken als grüne Einrahmung von kleinen Wegen und als Abgrenzung zu den Beeten, um die Ränder zu betonen. Sie können dabei die Wirkung von Wegen als Raumachsen verstärken. Gleichzeitig schützen die niedrigen Hecken auch die Beete vor Trittschäden. Auch lassen sich mit diesen Hecken vielerlei geometrische Muster gestalten. Die Möglichkeiten reichen dabei von einfachen geometrischen Grundmustern bis hin zu verspielten und verschlungenen Mustern (Knotenhecken). Zahllose Beispiele dafür finden sich in barocken Schloßgärten. Dort werden mit den niedrigen Hecken Spiralen, Kreise, Blumenmuster oder andere phantasievolle Ornamente gestaltet. Dem Einfallsreichtum sind hier keine Grenzen gesetzt. Flächen, die durch diese Hecken gebildet werden, kann man außer mit Rasen zum Beispiel mit Stauden, Sommerblumen oder blühenden Gehölzen bepflanzen. Man kann sie natürlich auch, wie in alten Bauerngärten üblich, mit Gemüse bepflanzen.

Die niedrigen Hecken eines Parterregartens wirken, auch wenn es sich nur um eine Einfassung eines Beetes handelt, wesentlich reizvoller, wenn sie mit geometrischen Formen verknüpft werden. Beispielsweise kann man an die Ecken der Hecken kleine Pyramiden einfügen oder in Kreise, die durch das Parterre gebildet werden, Hochstammkugeln hineinpflanzen.

Hecken sind als lebende Zäune hervorragend geeignet, um Gartenteile abzugrenzen. Besonders reizvoll wirkt es, wenn Durchgänge mit Torbögen als Teil der Hecke überspannt werden.

Torbögen und Portale

Mit Torbögen als Teil einer bestehenden Hecke kann man Einfahrten und Wege überspannen, die einzelne Bereiche des Gartens oder den Garten mit der Außenwelt verbinden. Ein Torbogen verstärkt die abgrenzende Wirkung einer Hecke und kann zugleich sehr reizvoll wirken. Darüber hinaus können aber auch freistehende Bögen gestaltet werden, etwa als Abgrenzung von zwei Gartenteilen. Torbögen können aber auch rein ornamentalen Charakter haben. Man kann Hecken mit Torbögen verzieren oder auch ganze Hecken bogenförmig in Form von Arkaden gestalten.

Unter Portalen versteht man generell verzierte Tore oder Eingangsbereiche von Grundstücken. Oft werden Portale von Säulen aus Mauerwerk gebildet. Portale lassen sich aber auch sehr gut aus Formpflanzen gestalten. Geeignet sind dafür streng geometrische Formen wie Säulen, Pyramiden oder Quader aus Eibe, Rotbuche oder Hainbuche.

Baumhecken und Spaliere

Baumhecken und Spaliere eignen sich hervorragend zur Begrünung von Häuserfassaden. Baumhecken können so als Ersatz oder als Ergänzung von Kletterpflanzen dienen. Gleichzeitig werden die negativen Folgen, die aus dem engen Kontakt der Kletterpflanzen zu dem Mauerwerk beruhen, vermieden. Auch können Baumhecken wie normale Hecken zur Grundstücksabgrenzung benutzt werden. Dabei können sie mit normalen Hecken kombiniert werden.

Für Grundstücke mit langen Einfahrten bietet sich eine weitere Verwendungsmöglichkeit an: die Gestaltung einer Baumhecke als Allee. Obwohl in der Pflege etwas aufwendig, ist eine geschnittene Baumallee eine wunderschöne Alternative zu einer Rabatte oder einer Rasenfläche entlang der Einfahrt.

Formgehölze in Pflanzkübeln

Kübel als Dekoration von Eingängen und Einfahrten

Da Formgehölze in Pflanzkübeln mobil sind, bieten sie eine Vielzahl von Verwendungsmöglichkeiten. Terrakotten mit geometrisch geformten Gehölzen wie zum Beispiel einem Kegel oder einer Hochstammkugel wirken sehr elegant, wenn sie in die Architektur eines Gebäudes eingebunden werden. Daher sind Pflanzkübel mit Formpflanzen sehr gut für den Eingangsbereich eines Hauses oder für Auffahrten geeignet. Man kann die Pflanzbehälter wie ein Portal auf beiden Seiten eines Weges oder einer Einfahrt postieren.

Terrakotten und Terrassen

Geformte Pflanzen in Terrakotten können auf Terrassen sehr stimmungsvoll wirken. Mit gestalteten Gehölzen bepflanzte Terrakotten wurden bereits in der italienischen Renaissance häufig zur Verzierung von Terrassen benutzt. Auf den meisten

Auch wenn Formpflanzen in Töpfen grundsätzlich mobil sind, sollte man deren Gewicht im bepflanzten Zustand mit feuchter Erde und Gehölz nicht unterschätzen. Große Behälter bepflanzt man deshalb am besten erst an Ort und Stelle.

Eingangsbereich eines englischen Landhauses mit verschiedenartig geformten Gehölzen in Terrakottagefäßen.

Terrassen wird sich auch heute noch ein Platz für einen Topf mit einer Formpflanze finden lassen. Die Terrasse erhält dadurch ein neues, von italienischem Stil beeinflußtes Aussehen.

Nicht-winterharte Formgehölze in Töpfen

In Wintergärten kann man sogar frostempfindliche tropische und subtropische Gehölzarten wie Klebsame (*Pittosporum* spec.) oder Lavendel (*Lavandula* spec.) zu Formpflanzen gestalten und ganzjährig kultivieren. Diese können dann im Sommer auch als exotische Formpflanzen nach draußen gebracht werden. Von Gewürzpflanzen wie Rosmarin oder Lorbeer kann man zusätzlich sogar noch Blätter ernten und in der Küche verwenden.

46

Kiefern sind ideale Gehölze für Terrakotta-Gefäße
Kiefern sind optimal zum Bepflanzen von Terrakotten geeignet. Sie sind sehr frost- und trockenresistent und wachsen in den Töpfen problemlos. Besonders die Waldkiefer (*Pinus sylvestris*), als bizarre Figur geformt, wirkt mit ihrem silbrig-grünen Laub und der rotbraunen Rinde in Verbindung mit der warmen Farbe des gebrannten Tons außerordentlich attraktiv. Auch die Bergkiefer (*Pinus mugo*) eignet sich hervorragend zur Bepflanzung von Terrakotten.

Tropische und subtropische Formpflanzen können natürlich auch vorübergehend ins Haus geholt werden. Den meisten Gehölzen, es sei denn, es sind ausgesprochene Zimmerpflanzen, bekommt ein längerer Aufenthalt im Haus jedoch nicht sehr gut.

Einbindung von Formgehölzen bei der Neuanlage eines Gartens

Die Neuanlage eines Gartens ist eine sehr gute Gelegenheit, Formpflanzen harmonisch in den Garten einzubinden. Der Vorteil bei der Neuanlage eines Gartens ist, daß man nahezu unbegrenzte Möglichkeiten der Gestaltung und des Arrangements hat. Nachteilig ist sicherlich, daß die Pflanzen durch den regelmäßigen Rückschnitt durchweg mehrere Jahre benötigen, bis sie zu einer echten, ausgewachsenen Formpflanze werden.

Bevor man einen neuen Garten bepflanzt und Formpflanzen als Gestaltungselemente mit einplant, muß man sich jedoch Gedanken über die spätere Form und das Aussehen des Gartens machen. Es ist dabei sehr wichtig, daß man für den Garten ein Konzept hat, bei dem die Formpflanzen als Teil des Ganzen integriert sind.

Bezieht man Formpflanzen in dieses Konzept mit ein, so darf man nicht erwarten, nach ein oder zwei Jahren einen fertigen Garten zu besitzen.

47

Mit Hecken lassen sich kleine, verträumte Nischen schaffen. In Verbindung mit einer Gartenbank können solche Plätze als Rückzugsorte in einem Garten dienen.

48

Bevor man die Pflanzen kauft, muß man sich auch Gedanken darüber machen, welche Formen man gestalten will. Nicht alle Gehölze eignen sich dabei auch für alle Formen. Weiterhin muß man die Ansprüche der Pflanze mit in die Planung einbeziehen. Die Bedürfnisse der Pflanze müssen dabei Vorrang haben vor gestalterischen Wünschen. Mit Gehölzen, die sich an ihrem Standort nicht wohlfühlen, wird man niemals eine schöne Formpflanze erhalten. Auch muß vor der Anlage des Gartens klar sein, ob man einen formalen Garten mit einem überwiegenden Anteil an Form-

Gestaltung von kleinen Flächen

Bei kleinen Flächen wie Innenhöfe, Terrassen oder kleine Gärten gilt in besonderem Maße: Man darf die zur Verfügung stehende Fläche nicht mit Formpflanzen überladen. Es genügt oft schon, wenn man auf die Fläche einen Kübel mit einer bizarr geschnittenen Kiefer oder einem geometrischen geformten Buchsbaum stellt.

gehölzen oder einen landschaftlichen Garten mit einzelnen Formpflanzen will. Beide Gartenformen benötigen nicht unbedingt große Flächen, um zur Geltung zu kommen. Mit etwas Phantasie kann man auch kleine Flächen wie eine Terrasse mit Formpflanzen gestalten.

Es besteht auch die Möglichkeit, sich an einen professionellen Gartengestalter zu wenden. Diesem kann man seine Ideen schildern und mit ihm einen Plan für den Garten erstellen.

Der Landschaftsgarten mit formalen Elementen

Diese Form des Gartens, die neben Rasenflächen, Stauden und natürlich gewachsenen Gehölzen einige Formgehölze enthält, ist die häufigste Form der Verwendung von Formgehölzen.

Wichtig ist, daß man den Garten nicht mit Formpflanzen überlädt. Auch sollte man sich bei der Gehölzauswahl auf einige wenige Arten beschränken und mit diesen die Formen gestalten. Eine Häufung von Formen und Gehölzarten mit verschieden Blatt- und Blütenfarben wirkt schnell unruhig und die einzelnen Gehölze kommen kaum noch zur Geltung.

Man sollte erst einmal mit ein oder zwei Gehölzen anfangen und die Wirkung der Pflanze auf den Garten beurteilen.

Eine schön ausgeformte Einzelpflanze kann mehr Wirkung hervorrufen als eine große Anzahl ungenau geschnittener Formpflanzen verschiedener Gestalt.

Der formale Garten

Der formale Garten hat seine Vorbilder in den Renaissance- und Barockgärten, bezieht aber auch moderne Elemente mit ein. Die Gestaltung eines kompletten formalen Gartens bietet die Möglichkeit, einmal etwas völlig neues aus einem Garten zu machen.

49

*Oben: Romantischer Bauern-
garten mit Buchsbaumhecken
als Beeteinfassung. In Bauerngärten haben diese Hecken, die
Stauden- und Gemüsebeete
säumen, eine lange Tradition.
Von besonderem Reiz ist der
Kontrast der kugelförmigen
Zierlauch-Blütenstände.*

*Gegenüberliegende Seite:
Die klaren Linien der Buchen-
hecken erzeugen interessante
Licht- und Schatteneffekte im
Privatgarten eines Garten-
architekten in Belgien.*

Aber auch beim formal gestalteten Garten ist die Abstim-
mung der einzelnen Elemente wie zum Beispiel von Gehölzflächen und bizarren Formen Grundvoraussetzung. Kreativität
und Phantasie sind die Mittel zu Erlangung von harmonisch
eingebundenen Formgehölzen. Wenn man sich eine Zeitlang
mit der Gestaltung von Gehölzen beschäftigt hat, wird man
merken, welches Potential in den Pflanzen steckt und ständig
neue Möglichkeiten und Wege der Gestaltung entdecken.

In einem formal gestalteten Garten sollten Gehölzflächen
mit Gruppen von geometrischen Formen, Hecken und bizarren
Wuchsformen abwechseln. Zur Auflockerung können einige
natürlich gewachsene Gehölze mit einbezogen werden. Wichtig
ist, daß die Gehölze interessant arrangiert werden. Gehölzflächen können an Stelle des Rasens die Basis des formal gestalteten Gartens bilden. Die Gehölzfläche kann von geschwungenen Wegen durchzogen und in der Höhe variiert werden.

50

Anzucht und Gestaltung von Formgehölzen

Die Möglichkeiten der Formgebung bei Pflanzen sind vielfältig. Neben streng geometrischen Formen wie Kugel, Kegel oder Säule lassen sich auch leicht bizarre Wuchsformen, wie man sie von Bonsaipflanzen kennt, gestalten. Die Gestaltung von Groß-Bonsais bietet völlig neue Möglichkeiten der Pflanzengestaltung. Aber auch die Gestaltung von ungewöhnlichen Formen wie dach- oder schirmförmigen Kronen ist möglich. Darüber hinaus lassen sich mit Pflanzen Gehölzflächen anlegen, die als blühende Grünflächen im Garten attraktive Akzente setzen können. Traditionell weit verbreitet sind Obstgehölze, die zu Spalieren herangezogen werden, und Hecken mit zahlreichen Abwandlungen wie Torbögen und Zinnen. Aber mit Pflanzen lassen sich auch außergewöhnliche, phantasievolle Formen wie Tierfiguren, Spiralen oder sogar Buchstaben und Ziffern formen.

Verschiedenartige geometrisch geformte Eiben im Winter. Gehölze wie Eibe und Buchsbaum wirken wegen ihres immergrünen Laubes das ganze Jahr attraktiv und vital.

Mit wenig Aufwand große Wirkung

Die Gestaltung einer Formpflanze ist mit einem viel geringeren Aufwand verbunden, als man im ersten Moment vielleicht glauben mag. Die Schattung einer bizarr geformten Kiefer oder einer Buchsbaumkugel erfordert vor allem eines, nämlich Zeit und Geduld. Nach dem Gestaltungsschnitt muß die Pflanze nur jedes Jahr einige wenige Male nachgeschnitten werden, um die Form beizubehalten oder weiter zu verfeinern. Obwohl der Arbeitsaufwand pro Jahr recht gering ist, vergehen einige Jahre bis die Pflanze ihre vorläufig endgültige Form erreicht hat. Den Möglichkeiten der Gestaltung und Formgebung sind praktisch keine Grenzen gesetzt. Der Formpflanzenliebhaber kann auf zweierlei Weise zu einer Formpflanze gelangen. Zum einen kann man bereits vorgeformte Pflanzen kaufen. Die zweite Möglichkeit besteht darin, eine normal gewachsene Pflanze zu einer Formpflanze umzugestalten. Die zweite Möglichkeit ist natürlich etwas aufwendiger, aber vielleicht auch reizvoller, während eine fertige Formpflanze in der Regel nur einen Korrektur- beziehungsweise Pflegeschnitt braucht.

Formale Gestaltung und korrigierender Schnitt

Grundsätzlich lassen sich zwei traditionell begründete Ziel-richtungen beim Formschnitt unterscheiden. Der eine Weg der Formgebung basiert auf der japanischen Gartenkultur. Ziel des korrigierenden Formschnitts bei Gehölzen, die nach japani-schem Muster geformt werden, ist es letztendlich, den natürli-chen Charakter der Pflanze herauszuarbeiten und zu unterstrei-chen. Das Vorbild bei der Gestaltung von Formpflanzen ist der natürliche und typische Wuchs einer Pflanze unter bestimmten Klima- und Standortfaktoren (Seike et al. 1983).

Phantasieformen haben in diesen Gärten keinen Platz. Eine nach japanischem Vorbild gestaltete Pflanze sollte natürlicher wirken als die Natur selbst. Dies ist ein hoher Anspruch an den Gestaltenden (Krekeler 1981).

Der zweite Weg zielt in die entgegengesetzte Richtung und arbeitet mit streng formalen Stilmitteln wie geometrischen Grundformen und Hecken.

Alles, was man neben ein paar einfachen Werkzeugen und den Pflanzen benötigt, sind Mut zum Anfangen, Kreativität und etwas Ausdauer.

53

Auswahl geeigneter Gehölze

Bei der Auswahl eines Gehölzes sollte man sich nicht von der großen Vielfalt des Sortiments irritieren lassen. Viel wichtiger ist die Eignung bestimmter Gehölze für die Gestaltung von Formpflanzen. Es genügt also im allgemeinen, sich auf einige bewährte Arten zu beschränken. Dies schließt Experimente mit anderen oder neuen Pflanzenarten natürlich nicht aus.

Sehr große und sorgfältig ausgeformte Eibenkegel. Durch regelmäßigen Schnitt behalten auch große Formgehölze eine dichte Oberfläche.

Obwohl generell an allen Gehölzen der Formschnitt möglich ist, sind einige Pflanzen aufgrund ihrer natürlichen Voraussetzungen besonders gut geeignet. Dabei handelt es sich vor allem um Gehölze, die nach dem Schnitt schnell und vor allem mit zahlreichen Knospen wieder austreiben.

Ein wichtiger Faktor, den es bei der Auswahl von Pflanzen zu berücksichtigen gilt, ist der entstehende Arbeitsaufwand. Gehölze wie die Eibe brauchen bei normalem Wachstum und mäßiger Düngung nur ein- bis zweimal im Jahr geschnitten zu werden. Andere Gehölze wie der Buchsbaum müssen je nach Zeitpunkt des Schnitts zwei- bis dreimal geschnitten werden.

Ein wichtiges Kriterium ist die Größe und Wuchsstärke der Pflanzen. Gehölze, die von Natur aus stärker wachsen, kann man im allgemeinen problemlos durch Schnitt klein halten. Umgekehrt ist es schwierig, aus kleinwüchsigen Pflanzen wie zum Beispiel dem japanischen Ilex (*Ilex crenata*) möglichst

Kriterien bei der Auswahl von Pflanzenarten für den Formschnitt
- Belaubung (sommergrün/immergrün, kleinblättrig)
- Blüte
- Bodenansprüche (sandig, lehmig, humos)
- Charakter und Wuchs (Habitus: flach- oder aufrecht wachsend)
- Frosthärte
- Fruchtschmuck
- Krankheitsresistenz
- Licht- beziehungsweise Schattenverträglichkeit
- Schnittverträglichkeit und Regenerationsfähigkeit
- Wuchsstärke (schwach- bis starkwachsend)

54

große Formen zu gestalten, da diese mit zunehmenden Alter nur noch sehr langsam wachsen.

Sehr wichtig für die Auswahl von Pflanzen ist die Funktion, die die Pflanze später im Garten erfüllen soll.

Manche Pflanzen wie Buchsbaum oder japanischer Ilex sind sehr gut für die Anlage von Gehölzflächen geeignet, nicht aber zur Gestaltung von bizarren Wuchsformen. Ein gutes Gegenbeispiel ist die Waldkiefer. Während sie für strenge geometrische Formen völlig ungeeignet ist, gelingt mit ihr die Gestaltung von bizarren Wuchsformen hervorragend.

Schließlich sind biologische Merkmale der Pflanze wie Frosthärte oder Schnittverträglichkeit von großer Bedeutung. Die Tabelle im Kapitel „Übersicht über formbare Gehölze" (s. Seite 168) gibt einen Überblick über die Verwendungsmöglichkeiten verschiedener Gehölze für den Formschnitt.

Darüber hinaus werden Informationen über Winterhärte, Schnittverträglichkeit, auffällige Blüte und über die Gestaltungsmöglichkeiten an einzelnen Gehölzarten geliefert. Viele interessante Gehölze sind aufgrund mangelnder Frosthärte in Mitteleuropa selbstverständlich nicht als Formgehölze für das Freiland geeignet. Alternativ kann man diese Gehölze, zu denen die klassischen Kübelpflanzen wie Lorbeer und Myrte gehören, in Kübel pflanzen und im Haus überwintern.

Immergrüne und sommergrüne Formpflanzen
Sowohl immergrüne als auch laubabwerfende Gehölze sind für den Formschnitt geeignet. Immergrüne Laub- und Nadelgehölze haben den Vorteil, daß sie auch im Winter belaubt sind und so das gesamte Jahr Vitalität und Beständigkeit ausstrahlen. Die meisten der klassischen Formgehölze wie Eibe, Buchsbaum und Ilex sind immergrün. Im Gegensatz zu diesen faszinieren laubabwerfende Gehölze wie der Weißdorn (*Crataegus monogyna*) durch den alljährlichen Laubwechsel und durch eine oft sehr auffällige Blüte. Im Winter kann bei diesen Gehölzen der Stamm, der wesentlich zum Charakter einer Pflanze beiträgt, voll zur Geltung kommen. Darüber hinaus gibt es eine ganze Reihe von laubabwerfenden Gehölzen wie zum Beispiel japanische Azaleen oder Liguster, deren Laub im Winter lange anhaftet.

Schnittverträglichkeit als wichtige Voraussetzung für Formpflanzen

Jeder Schnitt an der Pflanze bedeutet eine mehr oder minder starke Schwächung der Pflanze. Schnittstellen sind potentielle Eintrittspforten für Pilze, Viren und Bakterien. Aus diesem Grund werden vor allem sehr robuste, winterharte und schnittverträgliche Gehölze zu Formpflanzen herangezogen. Diesen Pflanzen schadet der regelmäßige Schnitt nicht im geringsten. Ein richtig durchgeführter Schnitt zum richtigen Zeitpunkt kann sogar im Gegenteil eine Verjüngung der Pflanze bewirken und Krankheiten vorbeugen. Bei den Pflanzen, die am häufigsten als Formgehölze verwendet werden, handelt es sich um Buchsbaum (*Buxus sempervirens*), Eibe (*Taxus baccata*), Ilex (*Ilex crenata*), Hain- oder Weißbuche (*Carpinus betulus*) und verschiedene Kiefern (*Pinus* in Arten und Sorten). Der Buchsbaum wird in Deutschland traditionell als niedrige Hecke zur Abgrenzung von Beeten in Bauerngärten verwendet. Buchsbaum ist sehr winterhart und äußerst schnittverträglich. Nach einem starken Verjüngungsschnitt regeneriert sich die Pflanze schnell. Darüber hinaus ist die Pflanze sehr tolerant gegenüber Boden und Klima, vorausgesetzt die Böden sind gut dräniert. Ähnliche Merkmale gelten auch für die Eibe. Die Eibe ist neben dem Buchsbaum die zweite klassische Pflanze für geometrische Formen. Eiben sind ebenfalls sehr frosthart, schnittverträglich und tragen ganzjährig ein tiefdunkelgrünes Laub.

Perfekt geformter Eibenkegel als einzelstehendes Gehölz in einer Rabatte.

Wie sieht die ideale Pflanze für ein Formgehölz aus?

Die ideale Pflanze für ein Formgehölz sollte möglichst kleinblättrig beziehungsweise kurznadelig, frostresistent, regenerationsfähig und langsamwachsend sein. Mit kleinblättrigen Arten wie dem japanischen Ilex (*Ilex crenata*) lassen sich sehr dichte Oberflächen und kompakte Formen erzielen. Großblättrige Arten wirken leicht unansehnlich, weil durch das Schneiden nach dem Austrieb auch immer Blätter mit durchtrennt werden und sich die Schnittkanten an den Blättern braun verfärben.

Mit Pflanzen, die entweder von Natur aus, wie zum Beispiel der Buchsbaum, oder durch den Schnitt eine dichte Verzweigung haben, lassen sich besonders gut scharfe Konturen ausformen.

57

Häufig zu Formpflanzen gestaltete, bewährte Gehölze fürs Freiland und ihr Verwendungszweck				
Name	Verwendungszweck			
	Geometrische Formen	Bizarre Formen	Hecken	Gehölzflächen
Buchsbaum	X		X	X
Eibe	X		X	X
Hainbuche			X	X
Jap. Azaleen				X
Jap. Ilex	X			X
Rotbuche			X	
Waldkiefer		X		
Weiß-/Rotdorn	X	X	X	
Zieräpfel	X	X	X	
Liguster	X		X	X

Grundregeln der Gestaltung

Die Regel für die Gestaltung von Formgehölzen ist die, daß
man den Mut hat anzufangen. Die weit verbreitete Angst,
etwas falsch zu machen und die Pflanze durch unsachgemäßes
Schneiden zu schädigen, ist im allgemeinen völlig unbe-
gründet. Allerdings muß man auch beachten, daß Pflanzen
Lebewesen sind und durch eine schlechte Behandlung Schaden
nehmen können. Voraussetzungen für eine minimale Beein-
trächtigung der Pflanze durch den Schnitt sind natürlich gut
geschärfte und intakte Schneidewerkzeuge, die schädliche
Quetschungen an den Ästen vermeiden helfen sowie die richtige Schnittechnik.

Je jünger die Pflanze beim Beginn des ersten Formschnitt
ist, desto leichter läßt sie sich in die gewünschte Form bringen.
Es ist bedeutend leichter, eine Jungpflanze durch Schnitt im

Wichtige Grundregeln zur Gestaltung von Pflanzen
- Gesunde und robuste Pflanzen als Formpflanzen auswählen.
- Lichtmangel fördert lockeren Wuchs. Deshalb sonnige Standorte bevorzugen.
- Mut zum Anfangen, Experimentierfreude und Geduld bei der Gestaltung sind wichtige Voraussetzungen.
- Außer bei der Gestaltung von bizarren Formen sind junge Pflanzen generell besser formbar als ältere. Man vermeidet den häufigen Schnitt ins mehrjährige Holz.
- Lieber erstmal zu wenig als zu viel abschneiden.
- Kleinblättrige und dicht verzweigte Arten ermöglichen schärfere Konturen und dichtere Oberflächen.
- Symmetrie per Augenmaß kontrollieren.
- Ein mehrmals durchgeführter korrigierender Formschnitt fördert eine dichte Oberfläche.

Wachstum zu lenken, als ein ausgewachsenes Gehölz in eine bestimmte Form zu pressen.

Eine weitere sehr wichtige Voraussetzung für die Gestaltung eines Formgehölzes ist, daß man sich genügend Zeit nimmt. Man kann nicht erwarten, in drei Jahren eine perfekt ausgeformte Pflanze mit durchgängig dichter Oberfläche zu erhalten. Oft sehen die Pflanzen während der ersten Jahre etwas unfertig aus, was dann aber später durch eine außergewöhnlich attraktive Formpflanze im eigenen Garten entschädigt wird.

Bevor man beginnt, an der Pflanze zu schneiden oder gar Äste abzusägen, sollte man sich ein paar Minuten in aller Ruhe vor die Pflanze stellen und sich die weitere Vorgehensweise überlegen. Einmal abgeschnittene Zweige können nicht ersetzt werden. Daraus ergibt sich eine wichtige Grundregel für das Schneiden: Erst einmal lieber zu wenig abschneiden als zuviel. Falls an einer Stelle zu wenig abgeschnitten wurde, so kann dies jederzeit nachgeholt werden.

Regelmäßiges Schneiden ist besser als ein starker Rückschnitt der Pflanze alle paar Jahre. Durch einen starken Rückschnitt wird der innere Aufbau der Pflanze beeinträchtigt, und das Gehölz verliert für Jahre an Attraktivität. Ein kräftiger Rückschnitt kann allerdings notwendig werden, wenn die Pflanze zu

*Mehrstämmiger, halbkugel-
förmig geschnitter Zierapfel
(Malus 'Evereste') als zentraler
Blickpunkt in einem formal
gestalteten Garten in Nord-
deutschland.*

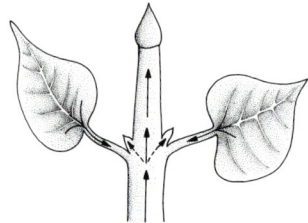

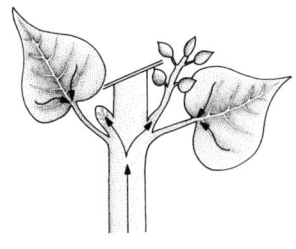

*Durch das Entfernen der Trieb-
spitzen wird der Austrieb der
darunterliegenden Knospen
gefördert. Der Assimilatstrom
sowie der Wasser- und Nähr-
stofftransport verlagert sich
vom Haupttrieb in die neu
entstandenen Seitentriebe.*

groß geworden ist und eine Verkleinerung der Pflanze erfolgen
soll.

Bis die Pflanze ihre endgültige Form erreicht hat, muß man
normalerweise auf eine üppige Blüte verzichten. Dies liegt
daran, daß durch den Gestaltungsschnitt auch ein Großteil der
Blütenknospen abgeschnitten wird. Bei der Gestaltung von
Formgehölzen sollte der Schnitt immer Vorrang vor der Blüte
haben. Später, wenn die Pflanze ausgeformt ist, ist die Blüte
durch den regelmäßigen Pflegeschnitt, der eine dauernde
Verjüngung bewirkt, um so ausgeprägter.

Die Wirkung des Formschnitts auf die Pflanze

Die Grundlage für die spätere Form der Pflanzen ist der Form-
oder Gestaltungsschnitt. Eine wichtige Voraussetzung für ein
effizientes Schneiden ist das Verständnis dafür, wie die Pflanze
auf den Schnitt reagiert und was in der Pflanze vorgeht. Das
Abschneiden eines Astes oder Triebes wirkt für die Pflanze wie

60

ein Signal. Durch hormonelle Reize werden schlafende Augen und Knospen, die sich bei Laubgehölzen in den Achseln der Blätter befinden, zum Austreiben angeregt. Die Hauptwachstumszonen bei Gehölzen befinden sich jeweils an den Triebspitzen. Schneidet man die Triebspitze ab, so treiben die nächsten zwei bis drei Knospen unterhalb der Triebspitze aus. Das Wachstum verlagert sich also vom Haupttrieb in die Knospen und damit in die entstehenden Seitentriebe. Die Folge des Schnitts ist, daß die Pflanze verstärkt in die Breite wächst. Wiederholt man diesen Prozeß häufiger, so erhält man mit der Zeit einen buschigen, stark verzweigten Wuchs, da aus jedem abgeschnitten Trieb normalerweise mehrere neue hervorgehen.

Bei Nadelgehölzen, die Eibe und den Lebensbaum (*Thuja*) ausgenommen, ist dieses Verhalten im allgemeinen sehr viel schwächer ausgeprägt.

Der richtige Gestaltungsschnitt

Schnittführung bei stärkeren Ästen

Der Gestaltungsschnitt unterscheidet sich vom Pflegeschnitt dadurch, daß man bei der Gestaltung oft auch mehrjährige Triebe oder kräftige Äste abschneiden oder absägen muß. Das Abtrennen von Ästen mit der Baumsäge oder mit der Astschere

Der richtige Schnitt von Ästen bei Laubgehölzen (links) und Koniferen (rechts), nach Shigo, verändert.

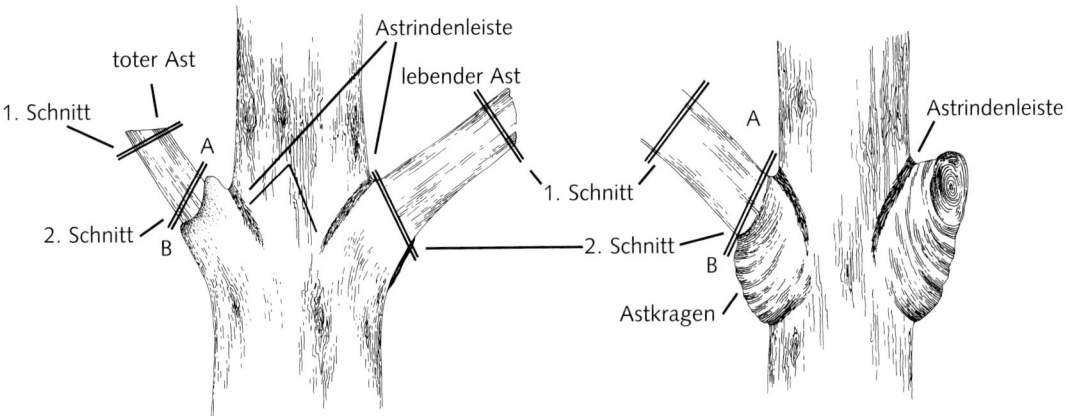

toter Ast

Astrindenleiste

lebender Ast

1. Schnitt

A

2. Schnitt — B

1. Schnitt

2. Schnitt

Astkragen

A

Astrindenleiste

B

erfordert einige Grundkenntnisse, damit die Gehölze nicht unnötig verletzt und damit geschwächt werden. Für das korrekte Abtrennen eines Astes ist es sehr wichtig, daß nach dem Schnitt weder ein Aststumpf zurückbleibt noch der Astkragen am Stamm verletzt wird. Obwohl dies kompliziert klingt, ist es mit einer Handsäge relativ einfach durchzuführen. Um den richtigen Schnitt mit einer Motorsäge hinzubekommen, ist sehr viel Erfahrung notwendig.

Bei dickeren Ästen sollte man immer zwei Schnitte durchführen. Der erste findet in ausreichendem Abstand zur Astgabel statt, um danach den exakten Schnitt in Stammnähe zu erleichtern. Durch diesen ersten Schnitt wird die Belastung von der Astgabel genommen. Der zweite, endgültige Schnitt setzt auf der Astoberseite am Schnittpunkt von Astkragen und Astrindenleiste an. Der Zielpunkt des Schnittes auf der Astunterseite liegt genau am Rand des Astkragens. Es ist bei der Ausführung des Schnittes von großer Bedeutung, daß der Astkragen nicht verletzt wird (Shigo 1990). Eventuell stehengelassene Stümpfe erleichtern Krankheitserregern das Eindringen in das Pflanzengewebe. Beim japanischen Ahorn (*Acer palmatum*) führt dies zum Beispiel leicht zu Infektionen mit dem Rotpustelpilz. Bei einem ordnungsgemäß durchgeführten Schnitt kann die Wunde rasch und ohne Schäden zu hinterlassen verheilen.

Pflege von Schnittwunden

Wundverschlußmittel sollten grundsätzlich nicht verwendet werden. Unter Umständen können Wundverschlußmittel Infektionen sogar fördern, indem sie bereits im Holz vorhandene Krankheitserregern optimale Lebensbedingungen bieten. Den besten Wundverschluß, wie zum Beispiel der Harzfluß bei Kiefern, bildet die Pflanze selber.

Schnittverträglichkeit von Kiefern

Oft müssen Pflanzen stark geschnitten werden, um eine bestimmte Form zu erreichen. Bei den meisten Gehölzen wie Eibe, Ilex oder Buchsbaum bereitet dies keinerlei Probleme. Sie vertragen auch den Rückschnitt bis ins mehrjährige Holz ohne Schäden. Eine gewisse Ausnahme stellen Kiefern dar. Den letztjährigen Trieb kann man immer problemlos schneiden. Schwieriger ist der Schnitt am mehrjährigen Holz, da die Äste unter

Wann Gehölze nicht geschnitten werden sollten
Auf keinen Fall sollte der Gestaltungsschnitt bei starkem Frost vorgenommen werden, da die angeschnittenen Triebe leicht absterben. Besonders relevant ist dies für Kiefern. Da im Winter der wundverschließende Harzstrom ausbleibt, können ganze Astpartien absterben.

Umständen eintrocknen können. Das zweijährige Holz läßt sich noch ohne Gefahr schneiden. Allerdings sollte im Jahr vor dem Schnitt eine Düngung mit einem stickstoffhaltigen Dünger erfolgen. Dies fördert die Neubildung von Knospen nach dem Schnitt erheblich und die Pflanze treibt auch am zweijährigen Holz wieder aus. Äste, die älter als zwei Jahre sind, sollten wenn, dann nur ganz abgeschnitten werden.

Der optimale Zeitpunkt für den Gestaltungsschnitt
Die günstigste Zeit für den Gestaltungsschnitt ist der Frühling in dem Zeitraum von Anfang Mai bis Ende Juni. Zu dieser Zeit beginnen alle Gehölze mit dem Wachstum und haben nach dem Schnitt noch genügend Zeit wieder auszutreiben. Der Schnitt bewirkt, daß Knospen und schlafende Augen, die verborgen im Ast oder Stamm liegen, zum Austreiben angeregt werden. Die durch den Schnitt entstandenen Wunden verheilen im Frühjahr recht schnell.

Bei frisch gepflanzten Gehölzen sollte der Gestaltungsschnitt nie unmittelbar nach dem Pflanzen vorgenommen werden. Besser ist es, erst im darauffolgenden Jahr mit dem Gestaltungsschnitt zu beginnen, denn dann ist die Pflanze fest angewachsen. Eine doppelte Belastung des Gehölzes durch Verpflanzen und gleichzeitigen Schnitt wird so vermieden.

Bei der Gestaltung von bizarren Formen wie beispielsweise eines Groß-Bonsai ist es oft erforderlich, auch vor- oder mehrjährige Äste zu schneiden. Da dieser Schnitt ins alte Holz für den pflanzlichen Organismus einen schweren Eingriff bedeutet, sollte er möglichst vor dem Laubaustrieb bis spätestens Anfang Mai erfolgen. Ein früher Schnitt gibt den Pflanzen Zeit, schlafende Augen im Ast oder Stamm zu aktivieren und erneut auszutreiben.

Da der Gestaltungsschnitt für die Pflanze eine erheblich stärkere Störung darstellt als der Pflegeschnitt, sollte für den Gestaltungsschnitt eine günstige Witterungsphase abgewartet werden. Durch den Schnitt verlieren die Pflanzen einen Teil des schützenden Laubs und die Sonne kann relativ leicht bis in das Innere der Pflanze dringen. Die äußerst empfindlichen Knospen und jungen Triebe können in diesem Stadium leicht verbrennen oder eintrocknen. Optimaler Zeitpunkt für den Schnitt ist eine länger anhaltende Periode mit regnerischem Wetter oder zumindest ein bedeckter Himmel. Wie auch nach dem Verpflanzen ist es sehr sinnvoll, die Pflanze bis zur Ausbildung neuer Triebe beziehungsweise bis zum vollständigen Anwachsen zum Schutz mit Schattierungsnetzen abzudecken.

Häufigkeit des Schnitts

Im Normalfall reicht bei schwach bis mittelstark wachsenden Gehölzen in den ersten Jahren ein ein- bis zweimaliger korrigierender Gestaltungsschnitt pro Jahr. Häufigeres Schneiden (zwei- bis dreimal) fördert jedoch von Anfang an die Bildung von kompakten und dichten Formen. Die Notwendigkeit, mehrmals pro Jahr zu schneiden, wird im wesentlichen durch die Wuchsleistung des Gehölzes bestimmt. Die Häufigkeit des Schneidens hängt natürlich auch vom Bedürfnis des Gartenbesitzers nach einer gepflegten Pflanze ab. Häufigeres Schneiden fördert exakte und klare Formen.

Umgestaltung von frei gewachsenen Gehölzen zu Formpflanzen

Auch über viele Jahre frei gewachsene Gehölze können noch zu Formgehölzen umgewandelt werden. Sehr gut geeignet für diese Umformung sind Eibe, Buchsbaum, Ilex und Weißdorn, da diese auch den Schnitt in das mehrjährige Holz problemlos vertragen und sich nach der Verjüngung leicht regenerieren. Die Schnittverträglichkeit einzelner Gehölze ist in der Tabelle im Kapitel „Übersicht über formbare Gehölze" (s. Seite 168) angegeben. Bei der Umgestaltung muß man jedoch unter-

64

scheiden, ob die Pflanze nur neu gestaltet oder zugleich auch noch umgepflanzt werden soll.

Rückschnitt kombiniert mit einer Verpflanzung

Bei einem starken Rückschnitt in Verbindung mit einer Verpflanzung muß man sehr vorsichtig vorgehen, um die Pflanze durch diese Doppelbelastung nicht dauerhaft zu schädigen. Am schonendsten für die Pflanze ist es, wenn dieser Prozeß über mehrere Jahre gestaffelt wird, damit die Pflanze nicht zu sehr geschwächt wird. Besonders bei älteren Pflanzen kann das Verpflanzen ein Risiko darstellen. Um Schäden an der Pflanze zu vermeiden, sollte man sich für das Verpflanzen älterer Pflanzen drei Jahre Zeit nehmen.

Im ersten Jahr erfolgt der starke Korrekturschnitt und die grobe Formgebung. Je nach Gestaltungsziel wird dieser unterschiedlich ausgeführt. Soll aus der ursprünglichen Pflanze ein bizarres Gehölz geformt werden, so müssen erst einmal mit der Baumsäge oder mit einer Astschere störende Äste entfernt werden. Bei der Auslichtung sollte man ruhig nach dem Grundsatz, daß weniger oft mehr ist, handeln und kräftig zurückschneiden. Auch wenn die Pflanze nach dem Auslichten zunächst einen ungewohnten Anblick bietet. Gehölze, die zu geometrischen Formen umgestaltet werden sollen, müssen vor dem Verpflanzen auf ihre gewünschte Form zurückgeschnitten werden.

Im zweiten Jahr muß die Pflanze freigegraben beziehungsweise gelöst werden. Dabei ist es sehr wichtig, daß der Ballen der Pflanze nicht zu klein gerät. Ein zu kleiner Ballen enthält zu wenig Wurzeln, um die Pflanze ausreichend mit Wasser und Nährstoffen zu versorgen. Durch das Freigraben werden die langen Wurzeln gekappt und die Pflanze beginnt am gleichen Standort mit der Neubildung von Wurzeln im Ballen.

Erst im anschließenden dritten Jahr kann die Pflanze endgültig ohne größeres Risiko an ihren neuen Standort gepflanzt werden. Das frisch umgepflanzte Gehölz muß unbedingt für einige Monate mit einem Schattierungsnetz abgedeckt werden, um die Verdunstung zu reduzieren und das Anwachsen zu erleichtern. Nachdem die Pflanze angewachsen ist, kann sie im Detail geschnitten werden und die Äste können positioniert werden. Da die Äste älterer Pflanzen nicht sehr elastisch sind, muß man beim Positionieren sehr sorgsam vorgehen. Um keine Risse im Holz zu verursachen oder die Äste gar abzubrechen, sollte das Biegen des Astes schrittweise erfolgen.

Verbleibt die Pflanze an ihrem ursprünglichen Ort, so wird zuerst ein Verjüngungsschnitt vorgenommen, der die grobe äußere Form der Pflanze vorgibt. Für die Umgestaltung zu einer bizarren Form werden alle überflüssigen Äste abgesägt und die Äste schrittweise positioniert, um ein Abbrechen der Äste zu verhindern. Soll aus dem Gehölz eine geometrische Form gestaltet werden, so muß man darauf achten, daß durch den Rückschnitt die innere Struktur der Pflanze nicht zerstört wird. In den darauffolgenden Jahren wird die Form durch einen regelmäßigen Pflegeschnitt vollendet.

Gestaltung einer geometrischen Grundform

Aus Pflanzen lassen sich verschiedene geometrische Grundformen wie Kugeln, Kegel, Pyramiden, Würfel, Zylinder und zahlreiche abgewandelte Formen wie Kegelstümpfe gestalten. Darüber hinaus werden viele Spezialformen nach dem gleichen Prinzip erzielt. Im Einzelfall sind jedoch einige Hilfsmittel wie zum Beispiel Gestelle oder Gerüste zur Formgebung erforderlich.

Auswahl einer geeigneten Pflanze für eine geometrische Grundform

Zu den am häufigsten verwendeten und bewährtesten Gehölzen für geometrische Formen gehören Buchsbaum (*Buxus sempervirens* var. *arborescens*) und Eibe (*Taxus baccata*) sowie

Gruppe von Buchsbaumkugeln im Frühling mit dem charakteristisch hellgrünen, neuen Austrieb.

Reizvoller Garten mit einer geschickt arrangierten Kombination von formalen und nicht-formalen Elementen.

verschiedene kleinblättrige Ilexsorten (*Ilex crenata* in Sorten). Diese drei immergrünen Gehölzarten vereinen mehrere Vorteile in sich. Sie sind gut schnittverträglich, immergrün, kleinblättrig, treiben nach dem Schnitt kräftig wieder aus und bilden durch ihren dichten Wuchs kompakte Formen. Darüber hinaus sind sie sehr robust und winterhart. Neben den genannten Pflanzen kann man ferner auch großblättrige Ilexsorten, Liguster, Rot- und Weißdorn sowie Schneeball gut zu geometrischen Formen umgestalten.

Unter den wärmeliebenden, nicht winterharten Kübelpflanzen eignen sich besonders Lavendel, Lorbeer, Myrte,

Große Eibenpyramiden in einem Park bei Athelhampton, England. Für die Gestaltung solch großer Formpflanzen benötigt man mehrere Jahrzehnte.

Rosmarin und Zitrus für geometrische Formen. Eine genaue Auflistung geeigneter Sorten und Arten von Gehölzen, die sich für die Gestaltung geometrischer Formen eignen, befindet sich in der „Übersicht über formbare Gehölze" (s. Seite 168).

Bereits bei der Auswahl der Pflanze im Gartencenter oder in der Gärtnerei kann man spätere Gestaltungsziele berücksichtigen. Oft besitzen natürlich gewachsene Pflanzen eine bestimmte Form, beispielsweise einen pyramidalen Grundaufbau, der dann die spätere Gestaltung zu einem Kegel oder einer Pyramide erleichtert. Auf jeden Fall müssen die Pflanzen dicht gewachsen sein und einen kompakten Aufbau besitzen. Viele kultivierte Gehölzsorten wachsen bereits von Natur aus kugelig beziehungsweise kompakt. Diese Pflanzen kann man leicht am Sortennamen erkennen. Namen wie 'Globosa', 'Compacta' oder 'Nana' deuten auf kugelig kompakte Formen, während Sortennamen wie 'Stricta', 'Erecta' oder 'Fastigiata' auf aufrechte Wuchsformen hinweisen.

Es ist sehr wichtig, daß man die Pflanzen für eine gewünschte Endgröße der geometrischen Form ausreichend groß wählt. Möchte man zum Beispiel eine Eibenkugel mit einem Durchmesser von 60 cm gestalten, so muß die Pflanze

69

Die Eibe (*Taxus baccata*) ist wohl die dankbarste Pflanze für die Gestaltung von geometrischen Formen. Sie ist durch ihr dunkelgrünes Laub sehr attraktiv, robust, schnittverträglich und bildet auch bei größeren Formen dichte Oberflächen. Die Eibe läßt sich sehr gut verjüngen und treibt danach willig wieder aus.

beim Kauf mindestens eine Breite von 80 bis 100 cm und auch eine Höhe von 80 bis 100 cm haben. Ein Würfel mit einer endgültigen Kantenlänge von 60 cm erfordert eine Ausgangsgröße von 100 bis 125 cm Breite und Höhe. Für einen Kegel mit 100 cm Höhe benötigt man als Ausgangsware eine Pflanze, die an der Basis eine Breite von mindestens 40 bis 60 cm und eine Höhe von ungefähr 100 bis 125 cm hat. Für die Gestaltung einer gleich hohen Pyramide muß die Pflanze anfangs sogar noch breiter sein. Hier empfiehlt sich an der Basis eine Breite von 60 bis 80 cm und eine Höhe von 100 bis 125 cm. Diese Maße gelten prinzipiell als Richtlinie für alle Pflanzenarten, die zu geometrischen Formen umgestaltet werden sollen.

Mit dem Gestaltungsschnitt beginnt man erst im Jahr nach der Pflanzung, wenn die Pflanze vollkommen angewachsen ist. Ein Gestaltungsschnitt unmittelbar nach dem Pflanzen würde die Pflanze zusätzlich schwächen.

Arbeitsablauf für die Gestaltung einer geometrischen Grundform
- Auswahl einer ausreichend großen und gesunden Pflanze. Pflanze mindestens 20 bis 30 cm höher und breiter wählen als das gewünschte Endprodukt.
- Auswahl eines geeigneten Standorts. Bodenqualität, Lichtverhältnisse und Platzbedarf beachten.
- Pflanzloch ausreichend groß ausheben (ca. 1,5 facher Ballendurchmesser) — nicht zu tief pflanzen.
- Pflanzung und Anlage eines Gießrandes. Ausreichend wässern und Pflanze eventuell bis zum Anwachsen mit Netzen abdecken.
- Beginn des Gestaltungsschnitts im Jahr nach der Pflanzung.
- Entsprechend der Symmetrie mit der Heckenschere die grobe Formgebung vornehmen.
- Bei Kugeln zuerst einen Bogen der Oberfläche formen. Bei Kegeln und Zylindern zuerst die Vertikale ausformen. Bei schwierigen Formen Schnüre und Stäbe oder Maschendrahtgestell zu Kontrolle der Symmetrie zur Hilfe nehmen.
- Endgültige Formgebung durch wiederholten Pflegeschnitt in den darauffolgenden Jahren.

70

Gestaltung einer Kugel

Für die Gestaltung einer Kugel kürzt man zuerst den Leittrieb auf die gewünschte Höhe ein und entfernt Äste, die sich sehr dicht am Boden befinden. Im Anschluß daran beginnt man mit der Formgebung. Dieser Schnitt wird am besten mit einer Heckenschere durchgeführt. Hilfreich ist es, sich die fertige Form im Geiste vorzustellen und erst dann mit dem Schneiden zu beginnen. Falls die räumliche Vorstellungskraft dafür nicht ausreicht, können aus Bambusstäben leicht einige einfache Hilfsmittel angefertigt werden.

Für die Gestaltung einer Kugel ist die Herstellung eines Kreuzes, das die drei räumlichen Achsen einer Kugel repräsentiert, sinnvoll. Benötigt werden dazu drei Bambusstäbe mit einer Länge, die dem Durchmesser der Kugel entspricht. Diese Stäbe werden jeweils in der Mitte verbunden und zu einem dreidimensionalen Kreuz zusammengefügt. Das Kreuz wird in die Mitte der Pflanze hineingestellt und fixiert.

Den eigentlichen Schnitt beginnt man am besten auf halber Höhe der Pflanze. Von dort aus schneidet man den Bogen bis zum höchsten Punkt der Kugel. Danach arbeitet man sich vom Ausgangspunkt nach unten. Durch diese Arbeit ist an einem Kugelsegment die Form bereits vorgegeben. Diesen Vorgang wiederholt man jeweils im Winkel von 90°. Zum Schluß erhält man vier Bögen, die die äußere Form der Kugel vorgeben. Im Anschluß daran werden die verbliebenen Segmente den Bögen als Vorbild entsprechend geschnitten.

Gestaltung eines Kegels oder Zylinders

Kegel und Zylinder werden prinzipiell nach dem gleichen Muster wie eine Kugel gestaltet. Der Unterschied zu der Gestaltung einer Kugel besteht darin, daß zuerst einer oder mehrere waagerechte Ringe um die Pflanze geschnitten werden, um die Form festzulegen. Danach werden die vertikalen Linien geschnitten. Für die aufrechten Flächen lohnt sich die Anfertigung einer Meßlatte, mit der die Gleichmäßigkeit der Linie überprüft werden kann. An der Meßlatte wird am unteren

71

Ende mittels einer Holzstange ein Abstandshalter montiert, der im Winkel durch eine Flügelschraube beliebig verstellbar ist. Die Länge dieses Abstandshalters entspricht dem Radius des Zylinders bzw. des Kegels. Mit diesem Winkel hat man beim Anlegen der Meßlatte immer den gleichen Abstand zum Stamm und erhält eine perfekte Symmetrie. Durch die Verstellmöglichkeit kann man einen einmal gewählten Winkel bei einem Kegel mühelos einhalten.

Gegenüberliegende Seite: Formale Parklandschaft mit solitären, gleichmäßig geformten Eiben im Garten von Lanhyrock House im Südwesten Englands.

Gestaltung von Würfeln, Quadern und Pyramiden

Etwas schwieriger ist die Gestaltung von kantigen Formen wie Würfel, Quader oder Pyramiden. Ebene Oberflächen und Ecken bereiten dem Gestalter im allgemeinen mehr Probleme als runde Formen, da hier die Einhaltung der Symmetrie etwas mehr Geschick erfordert. Sofern man nicht ein sehr gutes Augenmaß besitzt, sind Hilfsmittel für die Gestaltung eckiger Formen und ebener Flächen unerläßlich. Benötigt werden vor allem Schnüre, mehrere gerade Stäbe und unter Umständen sogar eine Wasserwaage und ein Lot.

Mit diesen Werkzeugen und Hilfsmitteln ist die akkurate Gestaltung eines Würfels oder Quaders kein Problem mehr. Nach dem Pflanzen steckt man am Boden den Umriß des Würfels mit einer Schnur ab und markiert die Eckpunkte mit stabilen Stäben. Es muß darauf geachtet werden, daß die Stäbe genau vertikal ausgerichtet sind. An dieser Stelle kann das Lot zum Einsatz kommen. Für die oberen Kanten benötigt man weitere gleich lange Stangen und eine Wasserwaage, um die waagerechte Position der oberen Begrenzungen zu ermitteln. Zum Schluß ist die Pflanze mit einem Rahmen umgeben, der die äußeren Grenzen des Würfels markiert. Anhand dieses Rahmens kann nun die Pflanze genau geschnitten werden und man erhält von Anfang an eine fest definierte Form. Dieser etwas höhere Aufwand, der mit der Anfertigung des Rahmens verbunden ist, wird nur beim ersten Gestaltungsschnitt notwendig.

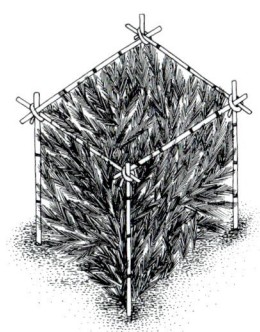

Gestaltung eines Würfels mit einem Bambusgestell.

73

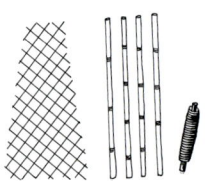 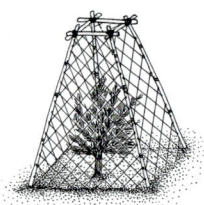 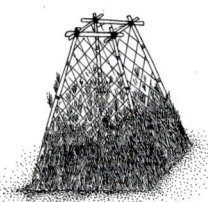 

Gestaltung eines Kegelstumpfs mit einem Drahtgestell.

Gestaltung geometrischer Figuren mit Hilfe von Maschendrahtgestellen

Für die Gestaltung von sehr präzise geformten oder überdurchschnittlich großen geometrischen Formen gibt es eine weitere, recht aufwendige Methode, die früher weit verbreitet war. Die Pflanze wird an den Seiten mit einem der gewünschten Form entsprechenden Maschendrahtkäfig umgeben. Bei relativ schnell und dicht wachsenden Gehölzen wie Buchsbaum oder Eibe wird der Draht durchwachsen und wird nach einigen Jahren weitgehend unsichtbar.

Geometrische Formen, die sehr genaue Formen und Winkel erfordern wie ein Pyramidenstumpf, können nach dieser Methode gestaltet werden. Im ersten Jahr erfolgt die Pflanzung eines Gehölzes wie zum Beispiel einer Eibe. Um diese Pflanze herum wird nun der Käfig errichtet. Dazu benötigt man festen Maschendraht (Maschenweite ca. 25 bis 50 mm), Draht zum Befestigen und dünne Stäbe. Aus dem Maschendraht werden die vier gleich großen, trapezförmigen Seitenteile (für einen Pyramidenstumpf) zugeschnitten. Für die vier Seitenkanten wird jeweils ein Bambusstab im gleichen Winkel fest im Boden verankert. Anschließend werden die Seitenteile an den Stäben befestigt. Die Oberseite bleibt offen. In den folgenden Jahren werden alle Triebe, die aus dem Käfig hervorragen, abgeschnitten. Dabei muß beachtet werden, daß nicht direkt am Drahtgeflecht sondern in einigem Abstand geschnitten wird. Dieser Abstand bewirkt, daß der Maschendraht nach und nach durch das Laub verdeckt wird. Die Oberseite wird für den Pyramidenstumpf plan geschnitten. Wenn der Käfig vollständig verdeckt und die endgültige Form erreicht ist, kann man den Draht vorsichtig entfernen.

Die Gestaltung von Formpflanzen mit Maschendraht ist vor allem dann sinnvoll, wenn man mehrere exakt gleich aussehende Formpflanzen gestalten will. Das Maschendrahtgestell gibt dann jeweils die äußere Form der Pflanze vor.

Kiefern für flache Kugeln

Einen Spezialfall unter den Gehölzen, die sich für geometrische Formen eignen, stellt die Krummholzkiefer (*Pinus mugo* var. *mughus*) und die Kugelkiefer (*P. mugo* 'Mops') dar. Diese von Natur aus schwach wachsenden Kiefern eignen sich hervorragend für die Gestaltung von flachkugeligen Formen. Die Gestaltung beschränkt sich hauptsächlich darauf, im Mai die neuen Triebe einzukürzen, damit der Wuchs noch kompakter wird. Durch den regelmäßigen Schnitt erhält man flachkugelige und gedrungene Pflanzen, die kaum höher als 80 cm werden.

Akkurat geformte Halbkugel aus japanischen Ilex (Ilex crenata 'Stokes').
Mit japanischem Ilex lassen sich sehr dichte und feste geometrische Formen gestalten.

Besonderheiten bei der Gestaltung geometrischer Formen

Da geometrisch geformte Pflanzen im allgemeinen frei zugänglich im Garten stehen, können diese später auch von mehreren Seiten betrachtet werden. Aus diesem Grund muß besonders auf die genaue Symmetrie der Pflanze geachtet werden. Abweichungen von der Symmetrie fallen bei geometrischen Formen stark ins Auge. Es ist sehr wichtig, daß während der Formgebung immer wieder kurze Pausen eingelegt werden, in denen man sich die Pflanze aus einigen Metern Abstand und von verschiedenen Seiten betrachtet. In einem frühen Stadium der Formgebung kann man noch problemlos korrigierend eingreifen. Zu einem späteren Zeitpunkt muß man die ganze

Hainbuchen (Carpinus betulus) als baumförmige Hochstammkegel.

Form überarbeiten, um Asymmetrien wieder auszugleichen. Dieser erste Gestaltungsschnitt dient vor allem der groben Formgebung. Man wird beim Schneiden sehr schnell feststellen, daß man die Pflanze erheblich stutzen muß, um beispielsweise eine Kugelform zu erlangen. Nach dem ersten Anschnitt wird die Kugel erwartungsgemäß noch viele Löcher und Unebenheiten haben. Deshalb müssen auch Äste, die nicht bis an die Kugeloberfläche reichen, leicht eingekürzt werden. In diesem Fall reicht es, nur die Triebspitze abzuschneiden. Dadurch wird bewirkt, daß diese einzelnen Zweige mit mehreren Knospen erneut austreiben und buschiger werden. So lassen sich noch vorhandene Löcher relativ leicht schließen und die Kugel bekommt in einigen Jahren die gewünschte dichte Oberfläche.

In Gebieten mit hohem Schneeaufkommen kann es bei Kugeln oder Quadern, die aus *Buxus sempervirens* var. *arborescens* bestehen, relativ leicht zu Schneebruch kommen. In diesem Fall sollte man als Ersatz die wesentlich schneeresistentere Buchsbaumsorte 'Bullata' anpflanzen.

Gestaltung von Hochstämmen

Auch Hochstämme in Kombination mit geometrisch geformten Kronen kann man mit etwas Geduld selber heranziehen. Neben nichtwinterharten Pflanzen eignen sich auch viele winterharte Gehölze für die Anzucht eines Hochstammes. Wichtig ist, daß man beim Kauf auf einen durchgängigen

Gestaltung eines Hochstammes aus einer freigewachsenen Pflanze. Es ist ratsam beim Aufasten zunächst ein paar Seitenäste stehen zu lassen, um das Dickenwachstum des Stammes zu fördern. Ein regelmäßiger Rückschnitt der Krone macht diese um so dichter.

geraden und kräftigen Leittrieb achtet. Alternativ können bereits fertige Hochstämme gekauft werden, bei denen nur noch die Krone ausgeformt werden muß. Beim Kauf muß auf jeden Fall darauf geachtet werden, daß die Krone dicht und gleichmäßig aufgebaut ist. Lockere Kronen können leicht zurückgeschnitten werden und erhalten dann durch einen regelmäßig durchgeführten Pflegeschnitt eine feste Struktur. Dies gilt sowohl für vorgefertigte Hochstämme als auch für die eigene Anzucht. Unterhalb des Bereiches, der ausgeformt werden soll, entfernt man mit einer Rosenschere von unten nach oben die Seitenäste. Bei einem schwachen und dünnen Stamm sollte man zunächst noch für einige Jahre ein paar Seitenäste stehenlassen, da diese das Dickenwachstum des Stammes fördern. Später werden auch die letzten Seitenäste abgeschnitten. Die Krone wird wie eine normale geometrische Grundform gestaltet. Wichtig ist, daß man eine genügend große Anzahl von Seitenästen stehenläßt, die die Kronenform aufbauen sollen. Sehr lange Stämme oder Hochstämme mit einer ausladenden Krone müssen mit einem Stab gegen das Umknicken gesichert werden. Erfahrungsgemäß benötigen Hochstämme mit einer großen Kronenhöhe überdurchschnittlich viel Zeit zur Ausbildung eines kräftigen Stamms, der in der Lage ist, die Krone zu tragen. Es ist also sinnvoll, die Stammhöhe im angemessenen Verhältnis zum Kronendurchmesser zu wählen (zum Beispiel: 1 m Stammhöhe mit einer Kugel von 30 bis 40 cm Durchmesser).

Kombination von Hochstämmen mit Gehölzflächen

Mit Hochstämmen lassen sich relativ einfach kombinierte Formen herstellen. Zum Beispiel kann man unter einen Hochstamm im Garten eine kleine Gehölzfläche anlegen, aus der ein Hochstamm hervorgeht. Nach einigen Jahren ist es kaum noch zu erkennen, daß diese Pflanzenfigur aus mehreren Einzelpflanzen besteht. Dies funktioniert jedoch nur, wenn Gehölzfläche und Hochstamm gleichzeitig gepflanzt werden. Ein nachträgliches Anlegen der Gehölzfläche zerstört durch die notwendigen Erdarbeiten das bereits ausgebildete Wurzelwerk des Hochstamms oder führt zur Konkurrenz um Wasser und Nährstoffe. In diesem Fall pflanzt man die Gehölzfläche einfach in einigem Abstand zum Hochstamm.

Entwicklung einer Kombination von Hochstamm- und Gehölzfläche.

77

Gestaltung von bizarren Wuchsformen

Zahlreiche Vorbilder für bizarre Wuchsformen von Pflanzen finden sich in japanischen Gärten und bei Bonsaipflanzen. Das natürliche Vorbild für die Gestaltung von bizarren, handgestalteten Formen sind jedoch Wildpflanzen, die durch einen extremen Standort zu bizarren und charaktervollen Figuren herangewachsen sind. Im Garten setzen diese außergewöhnlich geformten Pflanzen besondere Akzente, die mit zunehmendem Alter immer mehr an Ausstrahlung hinzugewinnen.

Eine Waldkiefer (Pinus sylvestris 'Norwegen') als kunstvoll gestalteter Groß-Bonsai mit polsterförmigen Nadelkissen an den Astenden. Für die Gestaltung von Groß-Bonsais sind die langsamwachsenden und charaktervollen Kiefern hervorragend geeignet.

Auswahl von Pflanzen für bizarre Formen

Die Gestaltung von bizarren Formen erfordert besonders viel Mut zum Schnitt, da gerade hier anfangs oft sehr radikal zurückgeschnitten werden muß. Allerdings kann man beim Kauf der Pflanzen bereits auf atypisch gewachsene Pflanzen zurückgreifen. Hier ist etwas Vorstellungskraft gefragt. Beim Anblick der Pflanze in der Gärtnerei muß man sich ein Bild davon machen, wie diese Pflanze später als bizarre Form in den Garten integriert werden kann.

Ebenfalls muß man berücksichtigen, daß der Stamm bei diesen Pflanzen durch das Auslichten besonders stark zur Geltung kommt.

Der Stamm als wichtiges Gestaltungselement

Das Aussehen des Stamms trägt zu einem erheblichen Anteil zu dem späteren Erscheinungsbild der bizarr geformten Pflanze bei. Viele Gehölze wie die Waldkiefer oder die Platane haben sehr interessante Rindenstrukturen, die die Wirkung einer

Die kurznadelige Waldkiefer (*Pinus sylvestris* 'Norwegen') ist für die Gestaltung einer bizarren Form besonders gut geeignet. Die Pflanze besitzt bereits von Natur aus einen bizarren, schwachen Wuchs mit attraktivem Laub, auffälligem Stamm und sehr kurzen Nadeln, die die Gestaltung erleichtern. Darüber hinaus ist diese Kiefer absolut frosthart und robust.

79

Schräg gepflanzte Kiefer am Rand eines Gartenteiches. Der Stamm wird durch einen Feldstein abgestützt. Der Stamm ist im oberen Bereich bereits wieder in die Vertikale zurückgewachsen.

Formpflanze steigern können. Es sollte beim Kauf darauf geachtet werden, daß die Pflanze einen kräftigen und schön geformten Stamm besitzt.

Geeignete Nadel- und Laubgehölze für bizarre Wuchsformen

Kiefern besitzen von Natur aus durch ihren oft etwas eigenwilligen Wuchs sehr gute Eigenschaften für die Schaffung von bizarren Pflanzenformen. Vorteilhaft sind kurznadelige Arten, die kompaktere Formen ermöglichen. Unter den Kiefern eignen sich besonders gut die blau- beziehungsweise graunadelige Waldkiefer (*Pinus sylvestris*), die Mädchenkiefer (*P. parviflora*) sowie die grünnadelige Bergkiefer (*P. mugo*) und die Drehkiefer (*P. contorta*). Bei der Waldkiefer sind außer der Wildform die Sorten *P. sylvestris* 'Norwegen' und *P. sylvestris* 'Watereri' zu empfehlen. Die Sorte 'Norwegen' zeichnet sich durch sehr kurze Nadeln und die Sorte 'Watereri' durch einen sehr kompakten Wuchs aus. Beide sind deutlich schwächer wachsend als die Wildart. Alle Waldkiefern bilden mit zunehmendem Alter eine auffällige rotbraune Rinde aus, die den interessanten Charakter dieser Pflanzen unterstreicht.

Langnadelige Arten wie zum Beispiel *P. nigra* sind weniger gut geeignet. Neben den genannten Arten und Sorten sind zwei weitere nordamerikanische Kiefernarten, die von Natur aus einen außergewöhnlichen Wuchs aufweisen, zu empfehlen. Der Nachteil dieser Arten ist jedoch, daß sie nicht überall erhältlich sind. Es handelt sich dabei um die Banks-Kiefer (*P. banksiana*) und die Jersey-Kiefer (*P. virginiana*).

Außer den genannten Nadelgehölzen gibt es auch einige Laubgehölze, mit denen sich charaktervolle Pflanzengestalten formen lassen. Sehr gut geeignet, aber bisher selten verwendet, sind sowohl Weiß- als auch Rotdorn (*Crataegus monogyna, C. laevigatus* 'Paul's Scarlet') und die verschiedenen Zierapfelsorten (*Malus* 'Tina' oder *M.* 'Evereste' und *M. serotina*). Häufigere Verwendung finden die Sorten des japanischen Ahorn (*Acer palmatum* in Sorten)

Bei der Gestaltung von bizarren Pflanzenfiguren lassen sich keine allgemein gültigen Rezepte oder Gebrauchsanweisungen vorgeben, nach denen man zum Beispiel eine Kiefernfigur anfertigt. Die eigene Phantasie ist der wichtigste Maßstab.

Gestaltung einer „japanischen Kiefer"

Sehr gute Vorbilder für die Gestaltung dieser Gehölze liefern
Bonsaipflanzen, die im Prinzip Miniaturausgaben von bizarr
geformten Gartenpflanzen darstellen.

*Gestaltung einer „japanischen
Kiefer". Links: Gehölz vor dem
Schnitt. Rechts: Nach dem
Auslichten*

**Arbeitsablauf bei der Gestaltung einer bizarren
Wuchsform**
- Auswahl einer bereits von Natur aus charaktervollen
  Pflanze.
- Auswahl eines geeigneten Standorts.
- Pflanzloch (ca. 1,5 facher Ballendurchmesser) ausheben und
  Gießrand anlegen.
- Pflanze kann bewußt schräg gepflanzt werden. Abstützung
  mit einem Baumpfahl oder Feldstein.
- Junge Stämme können durch vorsichtiges Biegen und
  Fixieren in ihrer Form beeinflußt werden.
- Gestaltungsschnitt mit den kräftigen Ästen beginnen. Immer
  zuerst am Stamm schneiden und sich dann nach außen vor-
  arbeiten.
- Äste können mit Band, Bambusstäben und Juteband positio-
  niert werden.
- Blattpolster mit der Gartenschere ausformen.

81

Links: Gestaltung einer Kiefer als Groß-Bonsai. In einem der ersten Arbeitsschritte werden überflüssige Äste mit einer Gartenschere entfernt.

Links unten: Gestaltung eines S-förmig gebogenen Stammes an einer Kiefer. Nachdem überflüssige Äste entfernt wurden, wird die Pflanze im unteren Bereich des Stammes an einen festen Stab gebunden.

Rechts: In einem weiteren Arbeitsschritt wird der gebogene Stamm im oberen Bereich der Pflanze an den Stab gebunden und so fixiert.

Oben links: Blaue Mädchenkiefer (Pinus parviflora 'Glauca') vor dem Gestaltungsschnitt. Ziel ist die Ausformung einer bizarren Kiefernfigur.

Oben rechts: Nachdem überflüssige Äste entfernt wurden, wird mit der Heckenschere die grobe Formgebung vorgenommen.

Mitte links: Für feinere Ausformungen benutzt man am besten eine Gartenschere. Damit werden kleinere Äste und Triebe eingekürzt.

Mitte rechts: Alle Triebe werden nach Bedarf und der Form entsprechend eingekürzt.

Unten: Fertig geschnittene Pflanze nach dem Gestaltungsschnitt. Nun können die Äste noch positioniert werden. Die weiteren Arbeiten beschränken sich auf regelmäßige Pflegeschnitte.

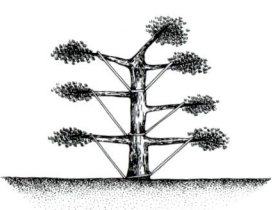

Gestaltung einer „japanischen Kiefer", hier beim Positionieren der Äste mit Bändern und Schneiden der Blattkissen.

Durch schiefes Pflanzen lassen sich interessante Stammformen erzeugen. Der Ballen darf nicht zu tief gepflanzt werden. Herausstehende Teile des Ballens werden mit Erde abgedeckt. Die Äste können dann mit Bändern in die gewünschte Position gebracht werden.

Im nachfolgenden Beispiel sollen einige Tips gegeben werden, wie man aus einer Waldkiefer eine bizarr gewachsene Kiefer mit kissenförmigen Nadelpolstern an den Astenden gestaltet.

Zuerst werden störende Äste durch Absägen oder mit einer Baumschere entfernt. Bei diesem wichtigen ersten Schritt muß man den Mut zum Absägen haben. Auch hier gilt der Grundsatz: Weniger ist mehr. Vor allem schwache Äste oder aber solche, die zu dicht oder parallel beieinander liegen, sollten dabei entfernt werden. Ebenfalls abgeschnitten werden Reitertriebe, sich kreuzende Triebe, Triebe aus dem Wurzelbereich oder solche Triebe, die das gewünschte Gesamtbild beeinträchtigen. Man muß jedoch beachten, daß die Pflanze nach dem Gestaltungsschnitt in ihrer Gesamtform kompakt bleibt. Die Äste dürfen also nicht zu weit von der Pflanze abstehen. Beim Auslichten eines Gehölzes sollte man immer von innen nach außen vorgehen. Dies bedeutet, daß zuerst große Äste am Stamm entfernt werden. Im Anschluß daran werden an den verbliebenen Ästen die Seitenäste ebenfalls sukzessive von innen nach außen abgeschnitten, bis man die gewünschte Form erreicht hat. An den Astenden läßt man eine ausreichende Anzahl von Zweigen stehen, aus denen die Polster geformt werden. Die Feinarbeit, die für die Ausformung der Blattkissen erforderlich ist, wird am besten mit einer Rosenschere oder mit der Spitze einer Heckenschere vorgenommen. Die Zweige an den Astenden werden so geschnitten, daß eine kissenförmige Struktur entsteht. Die neugebildeten kerzenförmigen Triebe der Kiefer werden dabei nach Bedarf in der Länge zurückgeschnitten. Durch das Zurückschneiden wird die Pflanze zum erneuten Austreiben angeregt und die Polster werden mit der Zeit immer dichter. Um geschlossene und kompakte Kissen zu erreichen, müssen die Triebe regelmäßig jedes Frühjahr zurückgeschnitten werden.

Außergewöhnliche Effekte durch schiefes Pflanzen

Bereits durch das Pflanzen kann man das spätere Aussehen der Pflanze erheblich beeinflussen. Zum Beispiel besteht die Möglichkeit, das Gehölz bewußt schräg einzupflanzen. Je nach Stärke der Neigung muß der Stamm abgestützt werden. Das Abstützen kann durch einen Baumpfahl erfolgen. Wesentlich

84

interessanter sieht es aber aus, wenn man als Abstützung einen Feldstein verwendet, der unter den Stamm gelegt wird. Um Scheuerstellen zu vermeiden, müssen an die Kontaktstelle von Stein und Stamm mehrere Lagen Jute plaziert werden. Die Asymmetrie bewirkt eine effektvolle Abwechslung zu der üblichen vertikalen Stammausrichtung von Gehölzen. Im Laufe der Zeit erfährt der Stamm eine zusätzliche Krümmung nach oben, da die Pflanze dem Licht entgegenwächst. Auch die Äste werden mit der Zeit wieder eine waagerechte Position einnehmen. Man kann hier jedoch etwas nachhelfen, indem man die Äste durch Spannen von Bändern in die gewünschte Position bringt.

Formen von Stamm und Ästen

Auch der Stamm, der bei der Wirkung dieser Pflanzen eine wichtige Rolle spielt, kann in die Formgebung einbezogen werden. Durch Veränderung der Stammform kann die Wirkung, die von dem Gehölz ausgeht, verstärkt werden. So kann mit einem gebogenen Stamm ein Effekt erzielt werden, der an knorrige und windgebeugte Charakterpflanzen von extremen Standorten wie Berggipfel oder Wüsten erinnert.

Junge, noch elastische Stämme mit einer Höhe von 1,5 bis 2 m Höhe können zu diesem Zweck S-förmig gebogen und mit schräg befestigten Bambusstäben in dieser Position fixiert werden. Dazu werden die Stäbe fest im Boden verankert und mit Juteband am Stamm festgebunden. Die Stäbe müssen so lange am Baum verbleiben, bis die Form im Holz des Stammes fixiert ist. Dieser Prozeß kann zwei oder mehr Jahre andauern. Während dieser Zeit muß darauf geachtet werden, daß die verwendeten Bänder nicht in den Stamm einwachsen. Gegebenenfalls müssen die Bänder erneuert werden.

Das Positionieren von Ästen

Mit Bambusstäben und Band ist es auch möglich, Äste in eine bestimmte Position zu zwingen. Um gerade Äste zu erhalten, werden diese mit einem Bambusstab auf der Astunterseite geschient. Der Ast wird an mehreren Punkten fest an den Stab angebunden. Die Rinde sollte dabei möglichst nicht verletzt werden. Gelegentlich müssen die Bänder auf mögliches Einwachsen kontrolliert werden. Als Ersatz für die relativ

85

Das Schienen von Ästen mit Bambusstäben und Textilklebeband.

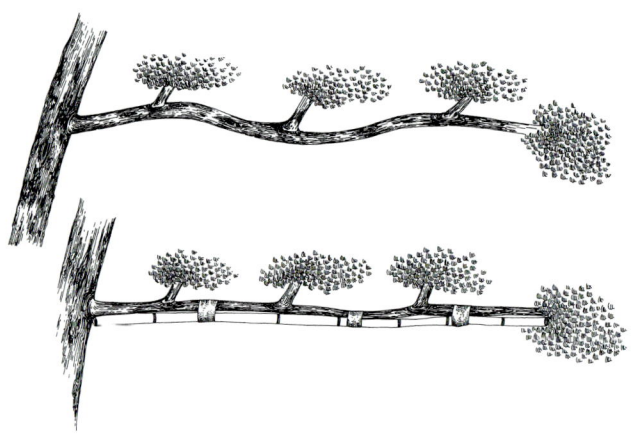

schmalen Bänder eignet sich breites, gewebeverstärktes Klebeband, welches sehr reißfest ist und daher die ständige Zugbelastung aushält.

Mit Bändern und Drähten ist es möglich, ganze Äste in einer bestimmten Stellung zum Stamm zu fixieren. Dazu befestigt man das eine Ende des Bandes etwa in der Mitte des Astes und das andere Ende am Stamm. Durch das Anbringen eines Bambusstabs parallel zum Ast kann man ein Durchbiegen des Zweiges durch den Zug, den das Band ausübt, verhindern. Die Äste sollten auf keinen Fall bis an die Belastbarkeitsgrenze gebogen werden, weil es bei einer zusätzlichen Belastung wie zum Beispiel durch Wind zum Astbruch kommen kann. Besser ist es, die Äste Stück für Stück durch Nachspannen der Bänder beziehungsweise Drähte in die gewünschte Position zu bringen.

Gestaltung eines bizarr gewachsenen Laubgehölzes

Im Gegensatz zu Kiefern haben Laubgehölze von Natur aus eher einen regelmäßigen Wuchs und werden nur an Extremstandorten bizarr geformt. Diese Formung durch Wind und Wetter kann im eigenen Garten mit gestalterischen Mitteln nachempfunden werden.

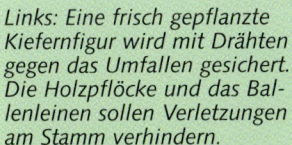

Links: Eine frisch gepflanzte Kiefernfigur wird mit Drähten gegen das Umfallen gesichert. Die Holzpflöcke und das Ballenleinen sollen Verletzungen am Stamm verhindern.

Rechts oben: Positionieren von waagerecht gezogenen Ästen einer blauen Mädchenkiefer (Pinus parviflora 'Glauca'). Zuerst werden die Stellen, an denen später das Band befestigt wird, mit Gewebeklebeband umwickelt.

Rechts unten: Fertig horizontal positionierter Ast. Das Band sollte etwa auf halber Astlänge befestigt werden, um ein Durchbiegen des Astes zu verhindern.

87

Auch Laubgehölze wirken interessant, wenn sie schräg gepflanzt werden. Einen Winkel von 30° Abweichung aus der Vertikalen sollte man jedoch nicht überschreiten.

Die Äste sollten in etwa so gebogen werden, daß sie auch bei schräger Pflanzung in der Waagerechten bleiben. Beim Auslichten von Laubgehölzen sollte man vorsichtiger vorgehen als bei Nadelgehölzen, da sie sonst leicht kahl wirken. Im Prinzip verfährt man wie bei den Nadelgehölzen. Man schneidet die Pflanze von innen nach außen auf ihre endgültige Form. Obwohl es auch bei Laubgehölzen möglich ist, sämtliches Laub bis auf endständige Blattkissen zu entfernen, sieht die Pflanze fülliger aus, wenn entlang der Äste etwas mehr Laub stehen bleibt. Im Gegensatz zu Kiefern kann man die bizarre Form bei Laubgehölzen sehr gut mit dem Laub und kleinen Ästen modellieren.

Sehr gut eignen sich Ilex und Weiß- oder Rotdorn für die Gestaltung bizarrer Laubgehölze. Alle drei Arten sind in ihren Wuchs recht kompakt und kleinblättrig, was die Ausformung von Blattkissen und anderen Strukturen erheblich erleichtert. Großblättrige Gehölzarten wie zum Beispiel Linden und Platanen sind für die Gestaltung bizarr geformter Gehölze weniger gut geeignet.

Gestaltung von Gehölzflächen

Geeignete Pflanzen für Gehölzflächen

Leider nur relativ wenig Verwendung finden bislang Gehölzflächen aus immergrünen Gehölzen oder aus Gehölzen mit
einer auffälligen Blüte wie zum Beispiel japanische Azaleen.
Gehölzflächen stellen eine interessante und pflegeleichte Alternative zu herkömmlichen Rasenflächen dar. Darüber hinaus
bilden Gehölze wie Azaleen, die sehr intensiv blühen, zur
Blütezeit einen geschlossenen Blütenteppich.

Für die Anlage von Gehölzflächen hervorragend geeignet
sind Buchsbaum (*Buxus sempervirens* var. *arborescens* und
B. sempervirens 'Bullata'), Eibe (*Taxus baccata*), Azaleen ('Ker-
mesina' und 'Diamant' u. a.), kleinblättrige
Ilexsorten (*Ilex crenata* 'Convexa',
'Green Lustre' und 'Stokes') oder
Felsenmispel (*Cotoneaster
dammeri* 'Skogholm').

Von Natur aus aufrecht
wachsende Arten und Sorten
sollte man flachwachsenden
Gehölzen generell vor-
ziehen. Gehölze, die flach

*Buchsbaumsäule als auf-
lockerndes Element in einer
Buchsbaumfläche.*

*Formal gestalteter Garten der
Baumschule von Ehren mit
einer Kombination aus
Gehölzflächen, geometrisch
geformten Einzelgehölzen und
Groß-Bonsais.*

Rhododendron und Azaleen haben spezielle Bodenansprüche

Rhododendron und Azaleen benötigen für ein gesundes
Wachstum ein durchlässiges, leicht saures Substrat (ca. pH
5,5). Sehr gut geeignet ist ein humusreicher Boden mit hohem Torfanteil. Auf sandigen und tonigen Böden gedeihen
diese Pflanzen nur ungenügend und sollten dort nicht oder
nur nach gründlicher Bodenvorbereitung verwendet werden.

wachsen, lassen sich wegen ihrer waagerechten Zweige nur schlecht schneiden. Die Gehölzoberfläche wird immer wieder durch hervortretende Äste unterbrochen. Auch kann der Schnitt bei diesen Gehölzen leicht zu Verletzungen an den Ästen führen.

Die Anlage einer Gehölzfläche

Das Ziel bei der Gestaltung einer Gehölzfläche ist eine möglichst einheitliche und dichte Oberfläche. Aus diesem Grund sind nur Sorten als gut geeignete Pflanzen, nicht aber Arten angegeben. Dies liegt daran, daß Arten im allgemeinen aus Samen herangezogen werden und deshalb aufgrund unterschiedlicher genetischer Ausstattung im Wuchs stark variieren können. Für Gehölzflächen sind aber möglichst einheitliche, sortenreine Pflanzen aus vegetativer Vermehrung von Vorteil, da diese ein einheitliches Erscheinungsbild garantieren.

Begehbare und nicht begehbare Gehölzflächen
Vor der Anlage einer Gehölzfläche muß man bedenken, daß diese jedes Jahr mindestens einmal geschnitten werden muß. Größere Flächen, bei denen man nicht die gesamte Oberfläche von außen erreichen kann, müssen dauerhaft begehbar sein oder zumindest von außen erreichbar bleiben. Es bieten sich zwei grundsätzliche Möglichkeiten an. Die einfachste Lösung ist die Verwendung von Buchsbaum oder Eibe zur Gestaltung von Gehölzflächen. Diese bilden zwar auch eine geschlossene Oberfläche, jedoch kann man immer problemlos und ohne Schaden anzurichten zwischen den elastischen und aufrecht wachsenden Pflanzen hindurchlaufen. Auch nach häufigerem Begehen bilden sich keine Löcher in der Oberfläche. Diese Eigenschaft macht den Buchsbaum und auch die Eibe zu optimalen Gehölzen für Flächenanpflanzungen. Das genaue Gegenteil dazu stellen Flächen dar, die aus kleinblättrigen Ilex-Arten wie zum Beispiel *I. crenata* 'Green Lustre' bestehen. Diese bilden nach einigen Jahre absolut undurchdringliche Flächen. Hier bietet sich die zweite Möglichkeit an. Man wählt die Flächen ausreichend klein, damit diese von außen mit der

Die klassische Pflanze für die Anlage von Gehölzflächen ist der Buchsbaum (*Buxus sempervirens* var. *arborescens*). Dieses immergrüne Gehölz ist sehr gut schnittverträglich, robust und bildet dichte Gehölzflächen, die dauerhaft begehbar bleiben und daher leicht zu pflegen sind. Das Laub hat im Sommer eine frisch-grüne Färbung, die erheblich zum Reiz dieser Pflanze beiträgt.

Schmale Wege ermöglichen die Begehbarkeit einer Gehölzfläche und erleichtern so die Pflege. Große Flächen werden durch Wege aufgelockert.

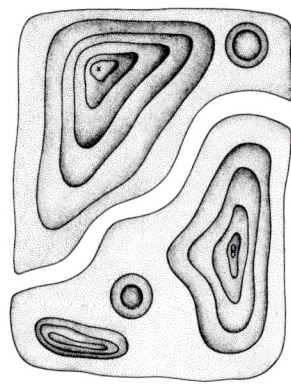

Aufsicht auf eine modellhafte Gehölzfläche mit Höhenabstufungen und zwei Gehölzkugeln.

Schere erreicht werden können. Die Strecke, die von einer Seite mit der Schere erreichbar sein muß, sollte 60 cm nicht überschreiten. Größere Strecken wirken sich sonst beim Schneiden auf Dauer ermüdend aus. Eine rund angelegte Fläche darf demnach einen Durchmesser von maximal 1,2 m besitzen. Oft lassen sich größere Flächen geschickt durch schmale Wege trennen, die eine Begehbarkeit ermöglichen.

Berg und Tal

Gehölzflächen müssen keineswegs immer eben sein. Sehr interessant wirken sanfte Hügel oder Höhenabstufungen. Diese Variationen bei der Gestaltung lassen die Gehölzflächen interessanter und vor allem lebendiger wirken. Es ist jedoch nicht notwendig, diese Hügel über lange Jahre durch einen unterschiedlich starken Schnitt auszuformen. Man kann es sich sehr einfach machen, indem man vor dem Pflanzen bereits die gewünschte Oberflächenstruktur mit dem Untergrund vorformt. Aus Mutterboden werden kleine Anhöhen aufgeschüttet. Die Steigungen und Höhenunterschiede dürfen jedoch nicht zu stark ausfallen. Bereits recht kleine Höhenunterschiede bringen die gewünschte Wirkung. Danach braucht der so vorbereitete Untergrund nur noch bepflanzt zu werden, und man erhält von Anfang an eine abwechslungsreiche Gehölzoberfläche.

Halbkugel aus japanischem Ilex (I. crenata), kombiniert mit flächig gepflanzten Azaleen ('Kermesina').

Größe der Pflanzen und Pflanzabstände

Für Neuanpflanzungen von Gehölzflächen haben sich Pflanzen sehr gut bewährt, die beim Verkauf eine Höhe von 25 bis 30 cm haben. Die Höhe pendelt sich nach mehreren Jahren, regelmäßiger Schnitt vorausgesetzt, auf 35 bis 45 cm ein. Man kann allerdings auch je nach Gestaltungsziel höhere oder niedrigere Ausgangsware wählen. Die Breite der Gehölze, die für Flächenanpflanzungen in Frage kommen, variiert stark. Während Buchsbaum und Eibe sehr schmal sind, haben Ilex und vor allem Azaleen von vornherein eine beachtliche Breite. Aus der Breite der Pflanze resultieren die Pflanzabstände.

Für eine Flächenanpflanzung mit Buchsbaum (*Buxus sempervirens* var. *arborescens)* oder Eibe (*Taxus baccata* in Sorten; jeweils 25 bis 30 cm Höhe) benötigt man 20 bis 25 Pflanzen pro Quadratmeter. Dies entspricht einem Pflanzab-

Gehölzflächen lassen sich sehr gut mit Hecken und anderen Stilelementen kombinieren und können so die Wirkung von Objekten oder Pflanzen verstärken.

Eine Gehölzfläche aus weißblühenden 'Diamant'-Azaleen. Das Weiß bildet einen interessanten Farbkontrast zum satten Grün der Buchsbaumkugeln hinter der Gehölzfläche.

Arbeitsablauf bei der Gestaltung einer Gehölzfläche

- Auswahl eines geeigneten Standorts, der möglichst nicht in der Nähe von großen Bäumen (Wasserentzug) liegt.
- Berechnung der benötigten Anzahl an Pflanzen für eine bestimmte Fläche (Faustregel für aufrechtwachsende Sorten mit einer Größe von 25 bis 30 cm: 20 bis 25 Pflanzen/m²; breitwachsende, flache Sorten: 10 bis 15 Pflanzen/m²).
- Für gerade Kanten und gleichmäßige Abstände pflanzt man am besten entlang von Pflanzleinen mit Abstandsmarken.
- Nach dem Pflanzen ausreichend wässern und die Pflanzen eventuell bis zum Anwachsen mit Schattierungsnetzen abdecken.
- Im Jahr nach der Pflanzung werden die Pflanzen auf eine Höhe geschnitten.
- Ein- bis zweimaliger Pflegeschnitt pro Jahr.

Ein Tip zur Gestaltung kreisrunder Flächen
Runde Gehölzflächen sind eine besonders attraktive Form der
Gehölzfläche. Damit die Fläche auch wirklich rund wird, muß
die Fläche vor dem Bepflanzen abgegrenzt werden. In die
Mitte der Fläche steckt man einen Pflock, an dem ein Band in
der Länge des Radius beweglich befestigt wird. Am anderen
Ende befestigt man einen kurzen Stab. Mit diesem Hilfsmittel
kann man wie mit einem Zirkel die kreisförmige Außenkante
exakt vorzeichnen.

stand von etwas weniger als 25 cm. Für breit wachsende
Pflanzen wie dem japanischen Ilex (*Ilex crenata*) oder alle
schwachwüchsigen Rhododendron-Sorten benötigt man ungefähr 15 bis 16 Pflanzen für einen Quadratmeter. Der Abstand
zwischen den Pflanzen beträgt dann ungefähr 30 cm. Diese
Angaben sind nur Richtwerte, da die Breite der Pflanze je nach
Qualität schwankt.

Der Gestaltungsschnitt bei einer Gehölzfläche

Die geraden Außenkanten der Gehölzfläche werden mit Pflanzleinen abgesteckt. Um bei ebenen Flächen eine gleichmäßige
Höhe zu erhalten, werden jeweils an den Ecken Pflöcke in den
Boden gesteckt, in der Höhe ausgerichtet und am oberen Ende
mit einer dünnen Schnur verbunden. Bei sehr großen Flächen
können zusätzliche Peilschnüre mitten durch die Fläche
gespannt werden.

Die Pflanzen, die die Außenkanten bilden, sollten möglichst
buschig und von dichtem Wuchs sein, damit die Kante ein
gleichmäßig geschlossenes Aussehen erhält. Die Stämme der
außen liegenden Pflanzen dürfen nicht unmittelbar an der
Kante liegen. Das Laub sollte etwas überstehen, damit die
empfindlichen Stämme nicht beim Schnitt oder durch mechanische Einwirkung geschädigt werden.

Pflege einer neu angelegten Gehölzfläche

In dem Jahr nach der Pflanzung werden die Pflanzen das erste Mal geschnitten. Dabei werden alle Pflanzen auf eine Höhe geschnitten, und die Gehölzoberfläche wird so in die endgültige Form gebracht. In den ersten Jahren nach der Pflanzung wird die Gehölzfläche noch zahlreiche Löcher besitzen. Ein regelmäßig durchgeführter Pflegeschnitt fördert aber die Bildung einer geschlossenen und gleichmäßigen Oberfläche.

Eine Düngung der Pflanzen im ersten Jahr nach der Pflanzung ist nicht unbedingt notwendig. Von großer Bedeutung für die Pflanzen ist aber eine regelmäßige Bewässerung für die Monate nach der Pflanzung. Für Flächenanpflanzungen bieten sich Kreisregner zur gleichmäßigen Bewässerung an. Es ist auf jeden Fall besser, die Pflanzen mehrmals täglich 5 bis 10 Minuten zu beregnen als einmalig eine sehr große Wassermenge zu geben. Durch das häufigere Beregnen wird durch die erhöhte Luftfeuchtigkeit im Umfeld der Pflanzen ein positives Mikroklima geschaffen. Große Wassermengen in kurzen Zeiträumen verschlämmen den Boden und vermindern die lebensnotwendige Bodenluft. Darüber hinaus wird durch das Wasser das Substrat übermäßig ausgekühlt, was die Wurzelbildung hemmt. Auch sollte man durchaus den Mut haben, in der prallen Sonne zu beregnen. Gerade dann haben frisch angepflanzte Gehölze das Wasser und die Luftfeuchtigkeit am nötigsten. Die oft zitierte Gefahr durch Verbrennungen ist vergleichsweise gering.

Bei Neuanpflanzungen von Gehölzflächen lohnt es sich auch, diese während der ersten Monate mit Schattierungsnetzen abzudecken, bis die Pflanzen angewachsen sind.

Die weiteren Arbeiten für den Rest des ersten Jahres beschränken sich auf das Wässern und das Entfernen von unerwünschten Wildpflanzen. Das Unkrautproblem bei Gehölzflächen löst sich nach wenigen Jahren von selbst. Dann sind die Pflanzen so dicht geworden, daß das Wachstum von Wildwuchs wegen Lichtmangel vollkommen verhindert wird.

Gestaltung von Hecken, Spalieren und Baumwänden

Hecken haben neben ihrer Funktion als Abgrenzung, Wind-, Lärm- und Sichtschutz auch eine ästhetische Funktion. Bei Heckenpflanzen existiert traditionell ein viel größeres Spektrum an Gehölzen, die häufig verwendet werden wie zum Beispiel Eibe, Feldahorn, Hainbuche, Liguster, Rotbuche und viele mehr. Grundsätzlich jedoch kann man mit allen Gehölzen Hecken anlegen. Man kann Hecken einerseits als lockere Wildhecken gestalten, indem man die Hecken gar nicht oder nur selten schneidet. Die andere Möglichkeit ist die Schaffung von dichten, grünen Wänden durch regelmäßigen Schnitt.

Kunstvoll angelegte Hecke aus Buchsbaum im formal gestalteten Garten des Dornburger Schlosses in Thüringen.

Formale Gartenelemente aus Buchs und Eibe. Niedrige Buchsbaumhecken dienen als Beeteinfassung, einzelne geometrische Formen sorgen für Blickfänge und die hohe Hecke bewirkt eine Kompartimentierung des Gartens (Hidcote Manor).

Auswahl der Pflanzen für Gehölzhecken

Viele Gehölze wie zum Beispiel zahlreiche Rhododendron-Sorten oder Sträucher sind nur für Hecken geeignet, die natürlich wachsen können und entsprechend viel Platz benötigen. Für Hecken, die geformt und jährlich geschnitten werden, gibt es nur eine begrenzte Auswahl an Gehölzen. Diese Gehölze müssen gut schnittverträglich sein und sehr dicht wachsen. In Gärten werden für Sichtschutzhecken sehr häufig Buche (*Fagus sylvatica*) und Hainbuche (*Carpinus betulus*) verwendet.

Die laubabwerfenden Gehölzarten gelten als die robusteren Heckenpflanzen, können jedoch im Winter nicht den gleichen Schutz liefern wie immergrüne Gehölze. Es gibt eine große Auswahl an immergrünen Gehölzen, mit denen man Wind-

und Sichtschutzhecken gestalten kann. Für höhere Hecken kommen zum Beispiel die Eibe (*Taxus baccata* und *T. media*), der Lebensbaum (*Thuja occidentalis* und *T. plicata*) und verschiedene Scheinzypressenarten (*Chamaecyparis* in Arten und Sorten) in Frage.

Die Ausgangsware für höhere sommergrüne Hecken (1 bis 4 m Höhe) sind Heister, daß heißt Gehölze, die bis zum Boden beastet sind. Für niedrigere Hecken kann man sehr gut Buchsbaum (*Buxus sempervirens* var. *arborescens*), Immergrüne Heckenkirsche (*Lonicera nitida*), Berberitze (*Berberis* in Sorten) oder auch Liguster (*Ligustrum vulgare* 'Atrovirens') verwenden.

Für Hecken, die mit Dornen oder Stacheln das Durchdringen der Hecke für unerwünschte Gäste verhindern sollen, eignen sich unter anderem Ilex (*Ilex aquifolium* in Sorten, *I. meservae*), Berberitze (*Berberis* in Arten und Sorten) oder Weißdorn (*Crataegus monogyna*) und Rotdorn (*Crataegus laevigatus* 'Paul's Scarlet'). Die Schutzwirkung der Hecken läßt sich erheblich steigern, indem man die Hecke an einen Maschendraht oder an einen Zaun pflanzt. Der Maschendraht wird schon nach wenigen Jahren durch das Laub verdeckt.

Für Parterre- und Knotenhecken, die mit Buchsbaum gestaltet werden, nimmt man am besten die schwachwachsende Sorte *Buxus arborescens* 'Suffruticosa'. Durch den langsamem Wuchs kann man einen Pflegeschnitt pro Jahr und damit viel Arbeit in gebückter Körperhaltung einsparen.

> Die klassischen Gehölze zur Gestaltung von Hecken sind die Rotbuche (*Fagus sylvatica*), Liguster (*Ligustrum vulgare*) und die Hainbuche (*Carpinus betulus*). Alle drei vollkommen schnittfesten und winterharten Arten haben den Vorteil, daß das abgestorbene Laub im Winter lange anhaftet und die Hecke so blickdicht bleibt. Diese Gehölze sind wegen ihrer dichten Verzweigung sehr gut formbar.

Pflanzung von Hecken

Die Pflanzabstände hängen sehr stark von der jeweiligen Gehölzart sowie von der Höhe der Hecke ab. Als grobe Faustregel läßt sich sagen, daß sich beim Pflanzen die äußeren Äste der Heckenpflanzen berühren sollten.

Da Hecken im allgemeinen langgestreckt sind, fallen ungerade Kanten und Flächen sehr leicht auf. Man muß genau auf die Einhaltung von geraden Linien achten, damit die Hecke nicht amateurhaft wirkt. Vor dem Pflanzen spannt man deshalb eine Pflanzleine, an der danach die Pflanzen eingesetzt werden.

Empfohlene Anzahl an Pflanzen pro Meter für normale Hecken und Einfassungen (Parterre- und Knotenhecken)

	Größe [cm]	Menge
Hecken	60–80, 60–100, 100–125	3–4 Stück/m
Parterre- und	15–20, 20–25, 20–30	6–8 Stück/m
Knotenhecken	30–40, 40–60	5–7 Stück/m

Heckenverzierungen lassen sich aus stehengelassenen Trieben formen.

Gestaltungsschnitt bei Hecken

Im darauffolgenden Jahr wird die Hecke auf eine einheitliche Höhe geschnitten. Beim Gestaltungsschnitt muß darauf geachtet werden, daß der Schnitt sorgfältig ausgeführt wird, um die Pflanzen nicht zu schädigen. Bei stärkeren Ästen sollte entweder deutlich oberhalb einer Astgabelung, auf Astring oder aber unterhalb von einer Astgabelung geschnitten werden. Auch hier kann man durch den Einsatz einer dünnen und straff gespannten Peilschnur eine exakt gerade Linie erlangen. Die Abstände zwischen den Stäben, an denen die Schnur befestigt ist, dürfen nicht zu groß gewählt werden, da die Schnur sonst durchhängt.

Die drei Grundformen, zu denen Hecken gewöhnlich geschnitten werden, sind Hecken mit rechteckigem, trapezförmigem und ovalem oder rundem Querschnitt. Darüber hinaus existieren viele Abwandlungen der geraden Hecke wie zum Beispiel Torbögen oder Wellenformen sowie Arkaden. Einförmige Hecken können in ihrer Gestalt auch mit Halbkugeln, Kegeln oder Phantasieformen variiert werden. Dazu wird beim jährlichen Schnitt der Leittrieb einer Heckenpflanze stehengelassen und in den darauffolgenden Jahren entsprechend ausgeformt. Man gestaltet diese Verzierungen wie normale geometrische Pflanzenformen. Besonders geeignet sind auch hier die Eibe und der Buchsbaum. Bei größeren Hecken eigenen sich für Verzierungen auch andere Gehölze wie Feldahorn, Hainbuche, Kornelkische, Rotbuche oder Weiß- und Rotdorn. Im Zuge eines Verjüngungsschnitts besteht die Möglichkeit, der Hecke eine

Garten im Cottage-Stil mit halbrund geschnittenen Buchsbaumhecken als Beeteinfassung.

Arbeitsablauf bei der Gestaltung einer Hecke

- Vor dem Kauf der Pflanzen Zweck der Hecke bestimmen (Sichtschutz, Blütenhecke, Abgrenzung, Durchdringlichkeit etc.).
- Berechnung der erforderlichen Anzahl an Pflanzen für die Hecke.
- Pflanzung entlang einer Pflanzleine mit Markierungsabständen.
- Anlegen eines Gießrands und ausreichend wässern.
- Im Jahr nach der Pflanzung erfolgt mit Hilfe einer gespannten Schnur der erste Gestaltungsschnitt.
- Alljährlicher Pflegeschnitt.

101

Rechteckig geschnittene Buchsbaumhecken als Einfassung für Staudenrabatten.

neue Form zu geben, indem man zum Beispiel aus einem rechteckigen einen trapezförmigen Querschnitt formt. Man kann in bestehende Hecken auch problemlos Fenster oder Bögen hineinschneiden. Nahezu unbegrenzte Gestaltungsmöglichkeiten bieten diesbezüglich Eibenhecken, die auch nach sehr starkem Rückschnitt gut wieder austreiben. Bei der Mehrzahl der Gehölze muß man allerdings darauf achten, daß die Formänderung nicht zu drastisch verläuft, damit die innere Struktur der Hecke nicht beeinträchtigt wird. Dies kann bewirken, daß die Pflanzen nach dem Schnitt in die eine Richtung intensiv ausschlagen, auf der anderen Seite jedoch fast gar nicht. Dort können sich dann leicht Löcher bilden. Für eine Umgestaltung der Hecke empfiehlt es sich, diesen Prozeß über mehrere Jahre zu staffeln.

Parterre- und Knotenhecken

Diese niedrigen Hecken werden häufig als Beeteinfassungen und zur Schaffung ornamentaler Muster (Parterres) verwendet. Neben dem oft angepflanzten schwachwüchsigen Buchsbaum (*Buxus arborescens* 'Suffruticosa') eignet sich auch der Liguster (*Ligustrum vulgare*) und die Berberitze (*Berberis* in Arten und Sorten) für die Anlage von Parterre- und Knotenhecken. Die Gehölze sollten dicht gewachsen und buschig sein, damit die Hecken kompakt werden und gleichzeitig die Stämme vor Trittschäden geschützt werden.

Die Gehölze werden entlang einer Pflanzleine mit Abstandsmarken gepflanzt und im Jahr nach der Pflanzung erstmalig geschnitten. Bei der Anlage dieser Hecken muß man darauf achten, daß die Wurzeln ausreichend mit Erde bedeckt sind. Oft werden die Wurzeln durch Tritt oder Pflegearbeiten freigelegt.

Einen außergewöhnlich attraktiven Anblick bieten diese Forsythien als Hochstammkugeln zur Blütezeit.

Blühende Hecken

Besonders attraktiv wirken Hecken, die auffällig blühen wie Zierapfel (*Malus* 'Evereste' oder *M.* 'Tina'), Weißdorn, Rotdorn oder auch *Rhododendron* 'Cunningham's White'. Diese weißblühende Rhododendronsorte ist sehr robust und hat darüber hinaus den Vorteil, daß sie immergrün ist. Dafür beansprucht sie durch ihren ausladenden Wuchs recht viel Platz. Eine weitere Gehölzart, die sich sehr gut als Heckenpflanze eignet, ist der Schneeball (*Viburnum bodnantense* 'Dawn'). Außergewöhnlich ist an dieser Pflanze, daß sie im Winter blüht. Die rosafarbenen Blüten, die ab November erscheinen, duften zudem noch intensiv.

Bislang sind geschnittene blühende Hecken in Gärten noch ein recht seltener Anblick und das, obwohl diese zur Blütezeit an Attraktivität nur schwer zu überbieten sind. Bis zum Erreichen der endgültigen Form fällt die Blüte meist recht spärlich aus, da die Blütenknospen weggeschnitten werden. Danach aber blühen die Hecken regelmäßig, sofern man den Pflegeschnitt unmittelbar nach Abschluß der Blüte durchführt.

103

Gestaltung von Torbögen und Arkaden

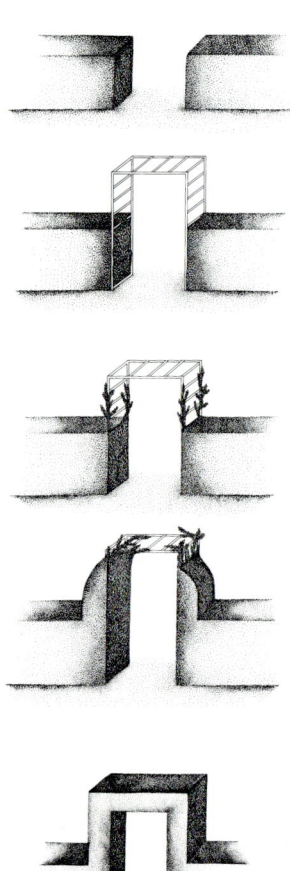

Gestaltung eines Torbogens mit Hilfe eines Metallgestells.

Für die Gestaltung eines Bogens, der einen Weg oder eine Einfahrt überspannt, mit einem Gehölz ist normalerweise ein Gerüst notwendig. Für die Überbrückung eines schmalen Weges genügt eine gebogene Stange, an der die Leittriebe befestigt werden können. Für breite Wege oder Einfahrten, die mit dem Auto durchfahren werden, ist ein Bogen mit kastenförmigem Querschnitt vorteilhaft. Der größere Querschnitt des Gestells erhöht die Stabilität und erlaubt, mehrere Triebe gleichzeitig an dem Gerüst zu befestigen. Der Bogen sollte etwa einen Querschnitt von 30 mal 30 cm haben. Bei Wegen, die mit dem Auto durchfahren werden sollen, sind gewisse Mindesthöhen einzuhalten. Die lichte Höhe muß bei einem rechteckigen Torbogen mindestens 3 m betragen. Bei einem Rundbogen muß die lichte Höhe mindestens 3,5 m betragen, da an den Seiten durch die Rundung Platz verloren geht.

Für die Gestaltung eines Torbogens sind nicht alle Gehölze geeignet. Schwach wachsende Gehölze wie der Buchsbaum würden für die Schließung des Bogens zu lange benötigen. Besser geeignet sind baumförmige Gehölze wie Ahorn, Buche, Eibe oder Hainbuche. Man sollte nicht darauf drängen, möglichst schnell den Torbogen mit dem Leittrieb zu schließen. Wichtiger ist ein dichter und kompakter Wuchs des Torbogens, den man durch regelmäßigen Schnitt erzielt.

Diese außergewöhnlichen Formen lassen sich auch aus bereits bestehenden, geradlinigen Hecken formen. Bögen und Arkaden lassen sich relativ einfach gestalten. Die Bögen werden mit einer Holz- oder einfacher mit einer Metallkonstruktion wie zum Beispiel einem gebogenen Gitter oder Rohr vorgeformt. Von jeder Seite führt man einen kräftigen Leittrieb an diese Hilfskonstruktion heran und befestigt den Trieb mehrmals daran. Um schnell einen dichten Wuchs des Bogens zu erhalten, müssen alle Triebspitzen zumindest leicht eingekürzt werden. Kleinere Bögen lassen sich auch ohne Gestell formen, indem man zwei kräftige Triebe zusammenbindet.

Gestaltung von Baumhecken

Die Anlage einer Baumhecke erfordert sehr viel Platz und ist
normalerweise nur in größeren Gärten möglich. Sehr gut
geeignet sind Baumhecken als Alleen für Einfahrten oder als
Grundstücksbegrenzung.

Die Gestaltung und Pflege dieser Gehölze ist recht
aufwendig und ohne den Einsatz von Leitern kaum zu bewältigen. Die wichtigste Voraussetzung ist die Zugänglichkeit der
Baumhecke von allen Seiten. Die Gestaltung und die Pflege von
sehr hohen Baumhecken erfolgt am besten mit einer hydrauli-
schen Hebebühne, da der Schnitt von der Leiter aus sehr
mühselig und in 4 oder 5 m Höhe nicht ungefährlich ist. Am
einfachsten ist es, einen professionellen Gartengestalter mit den
Schneidearbeiten zu beauftragen.

Gut geeignete Gehölze für Baumhecken sind Rotbuche,
Hainbuche, Feldahorn, Weiß- bzw. Rotdorn, Linde und Platane.
Eine Auflistung der geeigneten Gehölze ist in der Übersicht
über formbare Gehölze (s. Seite 168) gegeben.

Die Pflanzen sollten eine Stammhöhe (Höhe bis zum
Kronenansatz) von 1,5 bis 2,0 m und einen Pflanzabstand von
3 bis 4 m haben. Der Pflanzabstand ist stark von der Größe der
Gehölze abhängig. Die Gehölze werden wie gewöhnliche
Hecken entlang einer Pflanzleine gepflanzt und im Jahr nach
der Pflanzung erstmalig geschnitten.

Gestaltung von ornamentalen Spalier-
gehölzen und Baumwänden

Spalierpflanzen haben vor allem als Obstgehölze an Mauern
eine lange Tradition. Außer den bekannten Obstgehölzen lassen
sich auch viele andere auffällig blühende Gehölze wie zum
Beispiel der Weißdorn oder die Schlehe zu ornamentalen
Spalieren umgestalten. Aber auch mit immergrünen Gehölzen
lassen sich Spaliergehölze formen. Ein Übersicht über geeignete
Gehölze wird im Kapitel „Übersicht über formbare Gehölze"
gegeben.

*Oben: Fertig ausgeformter
Torbogen aus Hainbuche
(Carpinus betulus) im
Frühling.*

*Unten: Halbfertige Torbögen
aus Hainbuchen. Die Äste
werden an einem Metallge-
stell entlanggeführt, welches
die Form des Torbogens
vorgibt.*

Imposantes, laubenartig erzogenes Spalierobst. Das Metallgestell bildet eine harmonische Einheit mit den knorrigen Ästen.

Spaliere mit paralleler Anordnung der Äste

Das ornamentale Spalier, dessen Grundform ein vertikaler Stamm mit in gleichen Abständen waagerecht abstehenden Ästen ist, hat im Laufe der Zeit viele Abwandlungen erfahren. So gibt es Spaliere an Mauern, freistehende Spaliere sowie alle nur denkbaren Anordnungen der Seitenäste. Für die Gestaltung der Spaliergrundform benötigt man ein Gehölz mit einem kräftigen, geraden Stamm. Das Spalier wird aus Spanndraht (ca. 2 mm Stärke) angefertigt. Für freistehende Spaliere benötigt man zusätzlich Baumpfähle, um die Drähte zu spannen. Die Abstände der einzelnen Drähte hängen vor allem von der Art des Gehölzes ab. Auf keinen Fall dürfen die Abstände zu klein gewählt werden, damit auch später noch die Strukturen des Spaliers sichtbar bleiben. Erfahrungsgemäß haben sich Abstände zwischen 40 und 60 cm bewährt. Die Pflanze wird mittig an das Spalier gepflanzt und anschließend wird der Leittrieb knapp oberhalb des untersten Drahtes gekappt. Von den neu ausgetriebenen Ästen nimmt man zwei für die ersten beiden waagerechten Seitenäste. Einen kräftigen Trieb führt man vertikal nach oben zum nächsten Draht. Alle weiteren Triebe schneidet man ab. Nach dem gleichen Schema wird bis zum Erreichen des oberen Drahtes verfahren. Die Seitenäste werden an den waagerechten Drähten entlanggeführt und an mehreren Punkten festgebunden.

Fächerförmige Spaliere

Fächerförmige Spaliere werden prinzipiell genauso angelegt wie parallel angeordnete Spaliere. Desöfteren bilden sich jedoch nach einmaligem Zurückschneiden des Leittriebs an der Basis nicht genügend neue Triebe, um den gesamten Fächer auszu-

Grundformen für Spaliere.

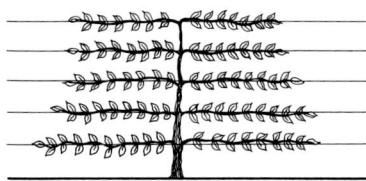

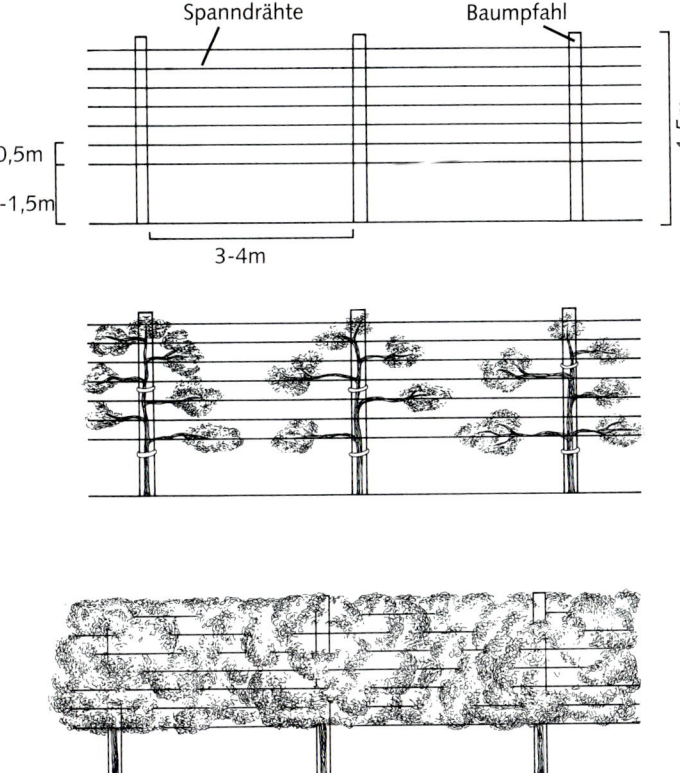

Spanndrähte   Baumpfahl

4-5m

0,5m
1-1,5m

3-4m

Gestaltung einer Baumwand am Spalier.

füllen. In diesem Fall schneidet man einen Teil der Triebe wieder zurück, damit diese erneut mehrere Triebe bilden können.

Baumwände

Baumwände werden im Gegensatz zu Baumhecken ebenfalls an Spalieren gezogen. Vor dem Pflanzen werden Baumpfähle in 4 bis 5 m Abstand in den Boden gerammt. Die Endpfähle werden zusätzlich mit einem schrägen Baumpfahl abgestützt. An diesen Pfählen befestigt man kräftige Drähte in ca. 50 cm Abstand parallel zum Boden. Vom Boden bis zu den untersten Ästen sollte etwa 1 bis 1,5 m Platz bleiben. Anschließend werden die Gehölze in 3 bis 4 m Abstand voneinander dicht an das Spalier gepflanzt. Die Seitenäste der Gehölze werden an den Drähten entlanggeführt und in regelmäßigen Abständen festgebunden.

109

Spezial- und Phantasie-
formen

Mit Pflanzen lassen sich alle nur erdenklichen Formen
gestalten. Das Formenspektrum der Spezialformen reicht von
spiralförmig geschnittenen Säulen und Bögen über Buchstaben
und Ziffern bis hin zu der Gestaltung von Tier- und Phantasieformen.

Die Gestaltung einer Tierform

Besonders in englischen Gärten ist die Gestaltung von Tierformen weit verbreitet. Die Ausformung verwinkelter Figuren
und feiner Formen stellt hohe Ansprüche an die Pflanze und an
den Gestalter. Am besten geeignet zur Gestaltung von
komplexen Formen sind Eibe und Buchsbaum, da
diese sehr schnittverträglich sind,
gut wieder austreiben und
zudem elastische Äste
haben.

*Der Phantasie sind keine
Grenzen gesetzt. Selbst Tierformen wie diese Elefanten-
herde lassen sich mit Pflanzen
gestalten.*

Bei Tier- und Phantasiefiguren muß man die Gestaltung der Formen auf das Wesentliche reduzieren, da sich feine Details mit Pflanzen schlecht ausformen lassen.

Für die Gestaltung einer Tierform pflanzt man entsprechend der Anzahl der Beine, die durch die Stämme gebildet werden, buschige Exemplare von Eibe, Buchsbaum oder anderen Gehölzen. Nach der Pflanzung läßt man die Pflanze ein Jahr wachsen, bevor man mit der Gestaltung beginnt. Im darauffolgenden Jahr wird aus festem Draht der Tierkörper in groben Zügen modelliert. Feinheiten der Form können dabei vernachlässigt werden. Die Triebe werden an dem Draht entlang geführt und mehrfach befestigt oder durch den Draht hindurchgeschlungen. Ein Teil der Triebe wird nicht festgebunden sondern für die Ausfüllung des Körpers belassen. Nur die Spitzen kürzt man für einen buschigeren Wuchs etwas ein. In den nächsten Jahren wird die Figur durch Schnitt und durch Positionierung einzelner Triebe vervollständigt und die Einzelheiten wie Ohren ausgeformt.

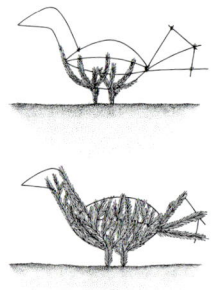

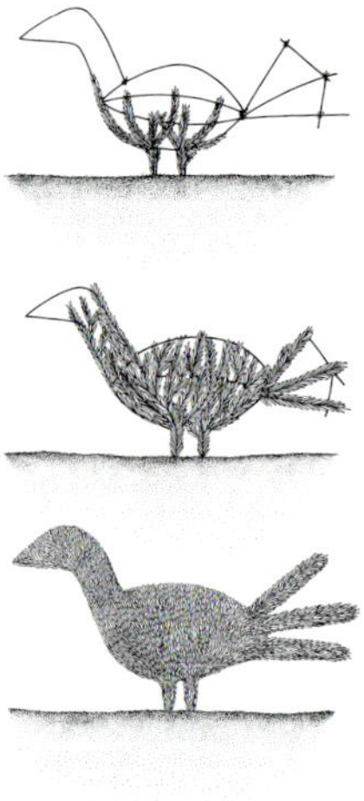

Arbeitsablauf bei der Gestaltung einer Spezialform am Beispiel einer Tierform

- Pflanzung eines buschig gewachsenen Gehölzes (vorzugsweise Eibe oder Buchsbaum).
- Anlegen eines Gießrands und ausreichend wässern.
- Mit festem Draht wird die Form um die Pflanze herum modelliert oder mit Bambusstäben und Draht eine Stütze konstruiert.
- Einzelne Äste der Pflanze werden entsprechend der Figur an dem Maschendraht entlanggeführt und festgebunden.
- Seitentriebe, die aus dem Maschendraht hervorschauen, werden einige Zentimeter über dem Draht abgeschnitten.
- Seitentriebe für einen buschigen Wuchs regelmäßig leicht einkürzen.
- In den darauffolgenden Jahren wird die Form durch regelmäßigen Pflegeschnitt vervollständigt.

Gestaltung einer Tierform mit Hilfe eines Drahtgestells.

Linke Seite: Verschiedene phantasievoll gestaltete Buchsbaumfiguren in Terrakottagefäßen. Für die Gestaltung feiner Formen ist Buchsbaum optimal geeignet.

Rechts: Buchsbaum, gestaltet als spiralförmiger Kegel.

Die Gestaltung einer Spiralform

Für die Gestaltung einer Spiralform benötigt man eine mindestens 1 m hohe Pflanze mit einem kräftigen durchgehenden und geraden Stamm. Die Qualität des Stammes ist von großer Bedeutung, da um diesen Stamm herum die Spirale geformt wird. Die Pflanze wird direkt an einen ca. 2 m hohen festen Bambusstab gepflanzt und an diesem mehrfach festgebunden. Im ersten Jahr wird die Pflanze noch nicht geschnitten. Das Ziel des zweiten und dritten Jahres ist es, die Pflanze zu einer

113

Gestaltung einer Gehölz-spirale.

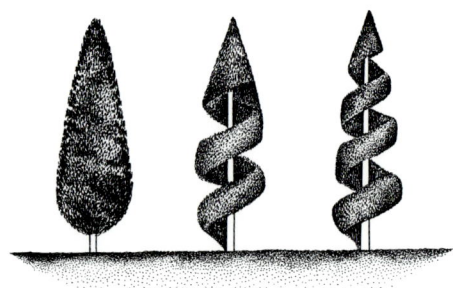

gleichmäßigen Säule zu formen, die als Ausgangsbasis für die Spirale dient. Der Zuwachs des Leittriebs wird weiter an dem Stab hochgeführt. Unter Umständen muß auch noch das dritte Jahr abgewartet werden, bis die Pflanze ungefähr eine Höhe von 1,5 m erreicht hat und eine dichte Säule bildet. In der anschließenden Wachstumsperiode kann man von unten her mit der Ausformung der ersten Spiralumdrehung anfangen. Bevor man mit dem Schneiden anfängt, wird das Ende der ersten Umdrehung markiert. An dieser Stelle wird das Laub bis auf den Stamm entfernt. Gleiches wiederholt man auf der gleichen Seite am unteren Ende und auf der gegenüberliegenden Seite auf halber Höhe. Anschließend werden diese drei Punkte durch eine gleichmäßige Spirale verbunden. In den folgenden Jahren setzt man diesen Prozeß mit zunehmenden Längenwachstum der Pflanze fort.

Pflanzen mit etagenförmigen Aufbau

Sehr gut geeignet für etagenförmig gestaltete Pflanzen sind Eiben, da sie in hohem Maße schnittverträglich sind und dabei in den einzelnen Etagen dicht bleiben. Man pflanzt eine ca. 1,5 m hohe, buschige und bis an den Boden beastete Eibe an den gewünschten Ort. Im darauffolgenden Jahr kann man mit der Gestaltung beginnen. Zuerst wird die Pflanze kegelförmig oder zylindrisch geschnitten. Dann schneidet man ca. 30 cm über dem Boden einen ebenfalls 30 cm breiten Ring um die Pflanze bis auf den Stamm. Dabei muß man allerdings beachten, daß man die Äste am Stamm nur bis auf die Hälfte

114

Gestaltung einer Pflanze mit etagenförmigem Aufbau.

entfernt, da diese ebenfalls für die Bildung des darüberliegenden Ringes benötigt werden. Die Äste des ersten Ringes werden mit Bändern, die am Stamm befestigt werden, bis in die Waagerechte heruntergebogen und die Enden entsprechend eingekürzt. Ist genug Laub vorhanden, so kann man auch schon den nächst höheren Ring auf die gleiche Weise gestalten. In den nächsten Jahren werden die Ringe bis zur Spitze gestaltet und durch regelmäßigen Schnitt fixiert. Die Hilfsbänder können entfernt und die Spitze kann individuell gestaltet werden. Beim einem kegelförmigen Wuchs der Pflanze bietet sich jedoch eine kegelförmige Spitze an.

Die Gestaltung von Buchstaben und Ziffern

Ein andere interessante Möglichkeit bietet die Gestaltung von Buchstaben und Ziffern, mit denen man zum Beispiel die eigene Hausnummer formen kann. Für die Gestaltung von Buchstaben und Ziffern sind zahlreiche Gehölze wie Buchs-

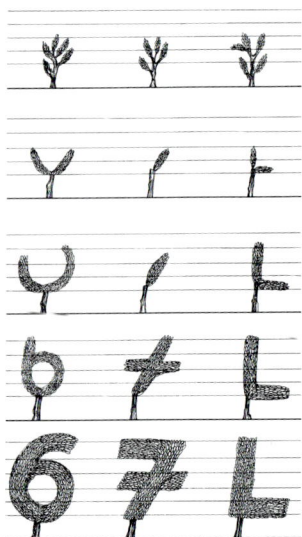

Auch Buchstaben und Ziffern lassen sich an Spalieren formen.

baum, Eibe, Mispel, Zierapfel oder Weißdorn geeignet. Die Eibe und der Buchsbaum haben sich für diese Formen am besten bewährt. Eine Auswahl an Gehölzen ist in der Tabelle im Kapitel „Übersicht über formbare Gehölze" (s. Seite 168) gegeben. Diese Pflanzenarten sind die gleichen, die auch für die Gestaltung von geometrischen Grundformen verwendet werden.

Am einfachsten gelingt die Gestaltung von Ziffern und Buchstaben, wenn diese an einem Spalier gezogen werden. Die Abstände der Drähte sollten ungefähr 20 bis 30 cm betragen. Das Spalier aus parallelen Drähten kann später bei Erreichen der endgültigen Form entfernt werden, sofern die Pflanze stabil genug ist. Für jede Ziffer wird mindestens eine Pflanze benötigt, die direkt an das Spalier gepflanzt wird. Die Buchstaben- bzw. Zifferngröße sollte mindestens 70 bis 80 cm betragen, damit die Struktur deutlich sichtbar wird. Im ersten Jahr wird die Pflanze bis auf das untere Ende der Figur oder die unterste Astgabelung zurückgeschnitten. Dieser Rückschnitt ist nur bei Buchstaben und Ziffern erforderlich, die nicht mit einem einzelnen geraden Segment beginnen wie zum Beispiel die Acht, die Null oder der Buchstabe L. Der Leittrieb wird an dem ersten Draht befestigt. An der Schnittstelle bildet die Pflanze neue Seitenäste aus, mit denen im folgenden Jahr die ersten Formen gestaltet werden. Die Äste werden in die richtige Position gebogen und regelmäßig an dem Spalier befestigt. Im Gegensatz zu Rundungen, die aus den Ästen gebogen werden, muß man für Ecken den jeweiligen Ast kappen und den neuen Austrieb in die gewünschte Richtung lenken. Zusätzliche Triebe, die aus der Basis stammen, können parallel zu den bestehenden Formen gezogen werden, um die Figur dichter werden zu lassen.

Ein regelmäßiger Pflegeschnitt ist bei diesen Formen sehr wichtig, da sonst die Konturen unscharf werden und die Struktur der Buchstaben oder Ziffern nicht mehr erkennbar ist. Beim Pflegeschnitt muß die Form jeweils wieder auf ihre Ausgangsgröße und -form zurückgeschnitten werden.

Kübelpflanzen für den Formschnitt

Mediterrane Gehölze eignen sich in unseren Breite fast aus-
schließlich als Kübelpflanzen, da sie im Winter vor der Kälte
geschützt werden müssen. Aus diesem Grund ergeben sich für
Kübelpflanzen nur eingeschränkte Gestaltungsmöglichkeiten.
Im allgemeinen werden aus mediterranen oder anderen frost-
empfindlichen Kübelpflanzen geometrische Grundformen wie
Kugel, Kegel usw. geformt.

Geeignete tropische und subtropische Pflanzen für den Formschnitt

Lorbeer (Laurus nobilis) eignet
sich sehr gut für die Gestaltung geometrischer Grundformen wie Kegel oder Kugel.

Das Sortiment an wärmebedürftigen Pflanzen für Kübel und
Wintergärten ist in den letzten Jahren sehr umfangreich
geworden. Der Experimentierfreude sind hier also praktisch
keine Grenzen durch mangelnde Auswahlmöglichkeiten
gesetzt. Aufgrund der großen Vielfalt, die in Gartencentern und
Gartenbaumschulen erhältlich ist, kann in diesem Buch nur
eine Auswahl an häufig verwendeten Kübelpflanzen gegeben
werden. Gut geeignet sind Lavendel (*Lavandula angustifolia* und
L. stoechas), Lorbeer (*Laurus nobilis*), Myrte (*Myrtus
communis*), Rosmarin (*Rosmarinus officinalis*) und alle Zitrus-
pflanzen (*Citrus* spec.). Darüber hinaus kann man Klebsame
(*Pittosporum tenuifolium*), Oleander (*Nerium oleander*), Feigen-
bäume (*Ficus nitida*) und viele andere bei uns nicht winterharte
Gehölze für die Gestaltung von Formpflanzen verwenden. Viele
dieser Pflanzen haben eine besonders schöne Blüte oder einen
auffälligen Duft. Den Schnittabfall vieler Arten wie zum Beispiel
Rosmarin kann man nebenbei noch als Gewürz verwenden.

Schnitt-
stelle

*Bei großblättrigen Gehölzen
(z.B. Lorbeer) müssen die
Schnitte knapp oberhalb der
Knospen ausgeführt werden,
damit die Blätter nicht zerstört
werden.*

Spezielle Schnittechnik bei groß-blättrigen Gehölzen

Das Problem bei vielen mediterranen Kübelpflanzen wie Zitrus oder Lorbeer ist, daß diese relativ große Blätter haben. Durch einen normalen Formschnitt mit einer Heckenschere werden diese Blätter durchtrennt. In diesem Fall ist ein abgewandelter Formschnitt erforderlich. Man vermeidet die Durchtrennung von Blättern, indem man die Triebe vorsichtig mit einer Rosen- oder Gartenschere einkürzt. Dazu werden die überstehenden Triebe knapp oberhalb eines Blattansatzes abgeschnitten. Dieser Schnitt fordert etwas Geschick. Aber nur so werden die unansehnlichen, halb abgeschnittenen Blätter, die durch den Schnitt mit Heckenscheren hervorgerufen werden, vermieden.

Spezielle Pflege von Formgehölzen in Kübeln

Formgehölze in Kübeln sind wesentlich pflegeaufwendiger als freistehende Gehölze im Garten, da die Substratmenge im Kübel begrenzt ist. Einmal in den Kübel gepflanzt, beginnt sich das Erdreich in dem Behältnis zu setzen. Die Schrumpfung, die durch einen hohen Anteil an organischem Material verstärkt wird, kann 35 % bis 50 % betragen. Die Pflanzen verlieren dadurch ihre Standfestigkeit. Ferner wird die Möglichkeit, Wasser und Nährstoffe aufzunehmen, eingeschränkt. Die Substratmenge in den Töpfen muß gelegentlich kontrolliert werden und gegebenenfalls wieder aufgefüllt werden.

Kübelpflanzen müssen regelmäßig gedüngt werden, da ihnen nur das Substrat im Topf für die Nährstoffversorgung zur Verfügung steht. Sehr gut sind langsamfließende Depotdünger wie Plantosan oder Osmocote zur Düngung von Formpflanzen in Töpfen geeignet.

Kübelpflanzen müssen regelmäßig gewässert werden, da das Substrat in den Töpfen besonders bei trockener Witterung sehr schnell austrocknet.

Arrangement von geformten tropischen und subtropischen Kübelpflanzen in Terrakotten.

Besonders in den Terrakottagefäßen aus porösem Ton trocknet das Substrat recht schnell aus. Andererseits muß für einen problemlosen Abfluß des überflüssigen Gießwassers gesorgt werden, damit die Pflanze nicht durch Staunässe geschädigt wird. In Kunststoffcontainern kann es bei mangelnder Dränage sehr leicht zur Staunässe kommen.

Topfpflanzen sind wegen der exponierten Wurzeln, die nur durch den Topf und ein wenig Erde geschützt sind, viel frostgefährdeter als Freilandpflanzen. Deshalb sollte man bei Gefahr von starkem Frost die Pflanzen vorsichtshalber an einen geschützten Platz wie Wintergarten oder Gewächshaus stellen.

119

Pflege der Formgehölze

Formgehölze benötigen Pflege. Allerdings ist der Pflegeaufwand relativ gering, sobald die Pflanze einmal ihre endgültige Form erlangt hat.

Vergleicht man zum Beispiel eine geschnittene Gehölzfläche mit einer Rasenfläche, so wird man feststellen, daß der Pflegeaufwand bei Formflächen im Verhältnis viel geringer ist, als man eigentlich erwartet. Eine Rasenfläche wird normalerweise alle ein bis zwei Wochen gemäht, eine Gehölzfläche braucht hingegen nur ein- bis zweimal im Jahr geschnitten zu werden.

Der Pflegeschnitt

Durch den alljährlichen Pflegeschnitt werden die Formgehölze in ihrer endgültigen Form, sei es als Kegel, bizarre Form oder Gehölzfläche, fixiert. Der Jahrestrieb wird regelmäßig zurückgeschnitten und die Form der Pflanze wird mit der Zeit immer vollkommener und die Oberfläche dichter. Der Pflegeschnitt wird immer einfacher, da die Oberfläche dichter und damit auch fester wird. Die Gefahr eines Verschneidens nimmt stark ab. Allerdings wird man nach einigen Jahren feststellen, daß die Gehölze trotz häufigen Schneidens immer mehr an Größe zulegen. Der Grund dafür ist, daß im allgemeinen beim Pflegeschnitt nie der ganze Austrieb zurückgeschnitten wird.

Wird der Pflegeschnitt ein oder zwei Jahre unterlassen, so ist ein starker Rückschnitt erforderlich, um die ursprüngliche Form wieder zu erlangen. Wird der Pflegeschnitt über einen längeren Zeitraum unterlassen, so muß die Pflanze

Wie oft müssen Formpflanzen geschnitten werden?

- Alle Formpflanzen müssen mindestens einmal pro Jahr geschnitten werden, damit sie ihre Form beibehalten.
- Kiefern brauchen nur einmal im Jahr geschnitten zu werden. Alle anderen schwach bis mittelstark wachsenden Gehölze wie Ilex oder Buchsbaum benötigen zwei bis maximal drei Pflegeschnitte in Jahren mit gutem Wachstum. Wenn perfekte Formen gewünscht sind, kann auch häufiger geschnitten werden. Häufigeres Schneiden fördert dichte Gehölzoberflächen und kompakte Formen.
- Formpflanzen, die noch nicht ihre endgültige Form erreicht haben, müssen mindestens zweimal pro Jahr geschnitten werden. Dadurch wird die Verzweigung gefördert und die Pflanze gelangt schneller zu ihrer Form.

durch einen Verjüngungsschnitt wieder in Form gebracht werden. Dann vergehen allerdings mehrere Jahre, bis die Ausgangsform wieder erreicht wird.

Wohin mit den Schnittabfällen?

Schnittabfälle sollten wegen der Gefahr von Infektionen nicht liegengelassen werden. Die Schnittabfälle können stattdessen gesammelt und kompostiert werden. Der Kompost kann dann später wieder in den Boden eingearbeitet werden. Mit der Zeit bildet sich so eine nährstoffreiche Humusschicht am Boden, die zur Nährstoffversorgung der Pflanzen normalerweise vollkommen ausreicht.

Pflegeschnitt bei geometrischen Grundformen

Wie bei allen Formpflanzen beginnt man bei den geometrischen Grundformen mit dem Pflegeschnitt, wenn die Pflanzen ausreichend ausgetrieben sind. Dieser Zeitpunkt liegt zumeist in der zweiten Frühlingshälfte. Bei geometrischen Grundformen ist der regelmäßige Pflegeschnitt sehr wichtig, da die symmetri-

Wann ist die beste Zeit für den Pflegeschnitt?
Die günstigste Zeit für den Pflegeschnitt ist dann, wenn sich die Pflanzen im Wachstum befinden. Dieser Schnitt, der auch als Sommerschnitt bezeichnet wird, wird am besten von Mitte Mai bis Ende Juni durchgeführt. Das Wetter sollte zur Zeit des Schnitts möglichst bedeckt oder regnerisch sein, um Trocken- oder Strahlungsschäden an den Blättern zu vermeiden.

Die zwei Liguster-Hochstamm-kugeln wirken wie ein Portal für den Hauseingang. Spätestens jetzt ist aber Zeit für den Pflegeschnitt.

schen Formen ohne Schnitt durch das ungleiche Wachstum einer Pflanze schnell verloren gehen würden.

Man schneidet beim Pflegeschnitt den Zuwachs des gleichen Jahres wieder zurück bis auf die Grundform. Dabei hat man die Möglichkeit, Unebenheiten und Asymmetrien durch unterschiedlich starken Rückschnitt auszugleichen. Soll die

Pflanze noch an Volumen zunehmen, schneidet man entsprechend weniger zurück.

Nachdem man die Pflanze geschnitten hat, stellt man sich abschließend noch einmal vor die Pflanze und begutachtet den Schnitt. Kleinere Unebenheiten und Asymmetrien können durch einen Korrekturschnitt abschließend noch beseitigt werden. Der Schnittabfall sollte entfernt werden, um Pilzerkrankungen an den Pflanzen zu vermeiden.

Pflegeschnitt an Kugeln, Kegel und Zylinder

Bei Gehölzen, die zu Kugeln geformt wurden, schneidet man wie auch schon beim Gestaltungsschnitt einen Streifen von der Basis bis zum höchsten Punkt der Kugel. Dies wiederholt man an zwei oder drei weiteren Stellen und schneidet dann die übriggebliebenen Segmente.

Auch bei Kegeln und Zylindern schneidet man zuerst einzelne Segmente, bevor man den Rest der Oberfläche angleicht.

Pflegeschnitt an Quadern und Pyramiden

Prinzipiell funktioniert der Pflegeschnitt bei Pyramiden und Quadern genauso wie beim Kegel oder der Kugel. Besonderes Augenmerk muß jedoch den Kanten gewidmet werden. Der Bereich der Kanten sollte grundsätzlich zuletzt geschnitten werden. Um scharfe Kanten hinzubekommen, schneidet man jeweils von der Seite an die Kante heran und formt so die Kante der Pflanze aus. Dabei darf nicht zu stark geschnitten werden, da die Kante sonst rund wird.

Pflegeschnitt an einem Eibenkegel. Auf dem Foto kann man sehen, daß der Schnitt segmentweise vorgenommen wird.

Pflegeplan für geometrische Formen

- 1. Pflegeschnitt im Mai oder Juni. Rückschnitt des neuen Triebs mit der Heckenschere. Dabei Geometrie und Symmetrie beachten.
- Nach dem Schnitt eventuell Düngung mit einem Depotdünger.
- Im Sommer nach Bedarf wässern.
- Im Spätsommer (August oder September) kann nach Bedarf ein weiterer Pflegeschnitt durchgeführt werden.
- Im Winter bei starkem Schneefall Schnee von den Gehölzen entfernen.

123

Pflegeschnitt bei bizarren Wuchsformen

Kiefern und andere Koniferen

Bei Kiefern schneidet man die Triebe (Kerzen), wenn diese ca. 10 bis 15 cm Länge erreicht haben, mindestens um die Hälfte zurück. Der Schnitt kann mit einer Rosen- oder Heckenschere erfolgen. Die noch zarten Triebe können aber auch von Hand abgebrochen werden. Schneidet man die Triebe ganz zurück, so kann die Formpflanze über Jahre in der gleichen Größe gehalten werden. Auch die Nadelblätter können auf Form geschnitten werden. Im Normalfall trocknen die Blätter nur am Ende leicht ein und bleiben ansonsten grün.

Während Lebensbaum (*Thuja*) und Scheinzypressen problemlos geschnitten werden können, ist bei Fichten (*Picea*) größere Vorsicht geboten. Bei Fichten schneidet man wie auch bei Kiefern den neuen Trieb zurück. Allerdings schneidet man den Trieb genau oberhalb einer der zahlreichen Knospen durch. Der Schnitt ins mehrjährige Holz ist bei Fichten nicht zu empfehlen.

Pflegeplan für bizarre Formen und Spezialformen

- Einmaliger Pflegeschnitt im Mai oder Juni. Bei Kiefern die Triebe mit einer Gartenschere mindestens auf die Hälfte zurückschneiden oder abbrechen. Laubgehölze mit der Hecken- oder Gartenschere stutzen.
- Nach dem Schnitt eventuell Düngung mit einem Depotdünger.
- Im Sommer nach Bedarf wässern.
- Im Herbst Bänder und Drähte, die zum Abspannen von Ästen dienen, auf Festigkeit überprüfen.
- An gestäbten Ästen die Bambusstäbe und Bänder auf Festigkeit überprüfen.
- An Stellen, wo die Bänder bzw. Drähte eingewachsen sind, diese an anderer Stelle erneuern.
- Im Winter bei starkem Schneefall Schnee von den Ästen und Blattkissen entfernen (Bruchgefahr).

Oben: Junge Kieferntriebe kann man mit der Heckenschere problemlos zurückschneiden.

Unten: Kieferntriebe nach dem Rückschnitt. Der regelmäßige Schnitt bewirkt eine gleichmäßige und dichte Oberfläche der Kiefernblattkissen.

Oben: Die polsterförmigen Blattkissen einer Bergkiefer (Pinus mugo) vor dem Pflegeschnitt.

Mitte: Die Blattkissen werden mit der Heckenschere auf ihre ursprüngliche Form zurückgeschnitten. Dabei werden Nadeln und Triebe nach Bedarf eingekürzt.

Unten: Blattkissen nach dem Pflegeschnitt.

Großes Bild:
Schnitt einer Buchsbaumfläche
mit der Heckenschere.
Flächenanpflanzungen aus
Buchsbaum haben den großen
Vorteil, daß sie dauerhaft für
den Pflegeschnitt begehbar
bleiben.

Kleines Foto oben:
Schnitt einer Buchsbaumfläche
mit der elektrischen Hecken-
schere. Besonders bei großen
Flächen ist sie eine große
Hilfe.

Kleines Foto unten: Der
Schnitt der Kanten einer
Buchsbaumfläche mit der
elektrischen Heckenschere er-
fordert etwas Übung.

Laubgehölze

Die meisten Laubgehölze wie zum Beispiel der Weißdorn
können problemlos mit der Heckenschere in Form gebracht
werden. Allerdings sollte man größeren Blättern ein Durch-
trennen der Blätter vermeiden, da diese leicht braun werden
können. Hier empfiehlt sich der Einsatz einer Rosenschere
(Gartenschere), mit der die einzelnen Triebe gezielt durchtrennt
werden können.

Pflegeschnitt bei Gehölzflächen

Pflegeschnitt bei begehbaren Gehölzflächen

Am einfachsten ist der Pflegeschnitt bei Gehölzflächen, die aus
aufrecht wachsenden Eibensorten oder aus Buchsbaum
bestehen. Sowohl Gehölzflächen aus Buchsbaum als auch aus
Eibe benötigen maximal zwei Pflegeschnitte pro Jahr, um eine
gleichmäßig geformte Oberfläche beizubehalten. Bei diesen
Gehölzflächen kann man problemlos zwischen den biegsamen
Pflanzen hindurchlaufen und den Pflegeschnitt ausführen. Am

Pflegeplan für Gehölzflächen
- 1. Pflegeschnitt im Mai oder Juni. Rückschnitt des neuen Triebes.
- Nach dem Schnitt eventuell Düngung mit einem Depotdünger.
- Im Sommer nach Bedarf wässern.
- Im Spätsommer (August oder September) kann nach Bedarf ein weiterer Pflegeschnitt durchgeführt werden.
- Herbstlaub, wenn in großen Mengen, von der Gehölzfläche entfernen.
- Im Winter bei starkem Schneefall Schnee von der Gehölzfläche entfernen.

besten beginnt man an einer Seite und schneidet mit der Heckenschere oder mit einer Elektroschere einen halben bis einen Meter breiten Streifen bis zum Zentrum der Gehölzfläche. Dies wiederholt man je nach Form der Fläche, bis man sternförmig mehrere Streifen erhält. Anschließend schneidet man die übrig gebliebenen Stücke. Zum Abschluß werden die vertikalen Kanten geschnitten. Beim Schneiden der Kanten sollte man darauf achten, nicht zu dicht an den Stamm der Gehölze zurückzuschneiden, sondern etwas Laub als Puffer überstehen zu lassen. Bereits beim Schneiden der waagerechten Flächen muß man darauf achten, daß im Bereich der Kanten nicht zuviel abgeschnitten wird, da die Kanten sonst schnell rund werden.

Beim Schneiden einer Gehölzfläche entsteht immer Schnittabfall, der schnell zu einem großen Berg anwächst. Am besten ist es, den Schnittabfall in Haufen zu sammeln, in Säcke zu stopfen und außerhalb der Fläche bis zur Vollendung des Pflegeschnitts zu deponieren. Laubreste auf der Gehölzfläche lassen sich hinterher leicht mit einem Federbesen abharken. Auf jeden Fall sollten Laubreste von der Gehölzoberfläche entfernt werden, da diese schnell unansehnlich werden und bei feuchter Witterung Pilzerkrankungen anziehen.

Pflegeschnitt bei nicht begehbaren Gehölzflächen
Gehölzflächen, die nicht begehbar sind wie zum Beispiel aus japanischem Ilex, müssen von außen oder mit einem Schneide-

Schneidebrett für den Schnitt von Gehölzflächen.

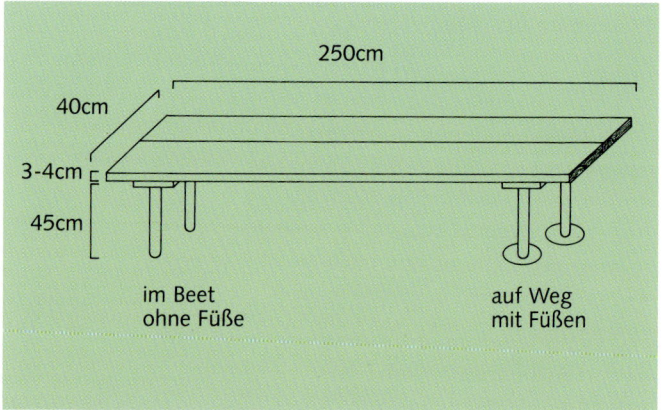

Die Herstellung eines Schneidebretts als Hilfsmittel zum Schneiden von Gehölzflächen

Für die Herstellung eines Schneidebretts benötigt man ein stabiles Brett (ca. 3 bis 4 cm Stärke) von ungefähr 2,5 m Länge. An dem Ende, daß in der Gehölzfläche steht, bringt man aus Metallrohren zwei Beine an, die in die Gehölzfläche 'eintauchen' können. Das andere Ende steht auf dem Weg und kann mit normalen Beinen versehen werden, die allerdings gegen das Einsacken gesichert werden müssen.

Die Höhe des Schneidebrettes sollte mindestens 45 cm betragen.

brett geschnitten werden. Im Prinzip geht man wie bei begehbaren Gehölzflächen vor. Man sollte sich jedoch nicht dazu verleiten zu lassen, mit einem Fuß in der Fläche zu stehen, um eine größere Reichweite zu haben. Es bilden sich auf diese Art leicht Löcher, die nur schwer wieder zu schließen sind. Der Schnittabfall kann hier nach dem Schneiden problemlos abgeharkt oder abgefegt werden.

Mit relativ einfachen Mitteln und etwas Geschick kann man sich auch ein Schneidebrett bauen. Mit Hilfe dieses Bretts kann man auch größere Flächen noch relativ problemlos schneiden.

Auf Dauer und bei sehr ausgedehnten Flächen wird das Schneiden mit einem Brett, welches man ständig umsetzen muß, allerdings sehr unbequem.

Pflegeschnitt bei blühenden Gehölzflächen und blühenden Gehölzen

Bei blühenden Gehölzen, wie hier ein Rhododendron, wird der Pflegeschnitt unmittelbar nach der Blüte vorgenommen.

Technisch etwas aufwendiger ist der Pflegeschnitt bei regelmäßig blühenden Gehölzflächen wie zum Beispiel bei Azaleen (laubabwerfende Rhododendron) oder bei Hecken aus Zierapfel. Bei diesen Pflanzen verzichtet man nur ungern auf die Blüte. Schneidet man diese Gehölze jedoch zu spät, so vernichtet man sämtliche Blütenknospen für das nächste Jahr. Um dies zu vermeiden, werden japanische Azaleen und andere auffällig blühende Gehölze unmittelbar nach der Blüte vor der Bildung neuer Blütenknospen vorsichtig zurückgeschnitten. Normalerweise reicht es, einzelne hervorstehende Triebe abzuschneiden, um eine einheitliche Oberfläche zu erhalten. Dieser frühe Schnitt ermöglicht der Pflanze die Anlage von neuen Blütenknospen innerhalb derselben Vegetationsperiode und garantiert eine üppige Blüte im nächsten Jahr.

Bei Formen, die mit Zierapfel gestaltet werden, sollte man wissen, wo die Blütenknospen angesetzt werden. Bei Äpfeln enstehen die Blütenknospen nur an Kurztrieben. An den Langtrieben befinden sich nur Blattknospen. Für eine intensive Blüte sollte man also nur Langtriebe schneiden und Kurztriebe möglichst stehenlassen.

Pflegeschnitt bei Hecken

Am leichtesten zu pflegen sind Hecken mit einem trapezförmigen Querschnitt. Generell läßt sich sagen, daß je schmaler die Hecke im unteren Bereich ist, desto schwieriger ist es, das Auskahlen in diesem Bereich zu vermeiden.

Schnitt bei aufrecht wachsenden Nadelgehölzen

Stark aufrecht wachsende Hecken mit säulenförmigen Gehölzen wie zum Beispiel Scheinzypressen (*Chamaecyparis* spec.), Zypressen (*Cupressus* spec.) oder Lebensbaum (*Thuja* spec.) brauchen seitlich nur leicht geschnitten werden, damit die

129

Pflanzen dichter werden. Diese Pflanzen können problemlos auf einer Höhe gehalten werden, indem man die Spitzen zurückschneidet. Auf Verzweigungen muß man beim Schnitt dieser Pflanzen keine besondere Rücksicht nehmen.

Pflegeschnitt von Laubhecken

Die meisten Hecken haben einen rechteckigen oder trapezförmigen Querschnitt. Laubhecken wie zum Beispiel Hainbuchen- oder Feldahornhecken lassen sich sehr bequem mit elektrischen Heckenscheren schneiden. Der Schnittabfall muß auf jeden Fall entfernt werden, um die Ausbreitung von Infektionskrankheiten wie den Rotpustelpilz zu verhindern. Der Schnittabfall von Laubhecken gibt geschreddert einen Kompost ab, der sich hervorragend zum Mulchen von Beeten verwenden läßt.

Wie bekommt man eine gerade Hecke hin?

Nichts stört den Gartenbesitzer mehr als eine schief und ungleichmäßig geschnittene Hecke. Grundvoraussetzung für eine schön gleichmäßig geschnittene Hecke ist scharfes Werkzeug. Gerade bei verholzten Hecken muß die Schärfe der Klingen regelmäßig kontrolliert werden. Ferner muß die Hecke mit der Heckenschere in allen Punkten gut und ohne Verrenkungen erreichbar sein. Bei hohen Hecken muß also zumindest die Oberseite von der Leiter aus geschnitten werden.

Für sehr akkurat geschnittene Hecken lohnt sich der Aufwand, eine Peilschnur zu spannen. Besonders wichtig ist dies bei sehr niedrigen Hecken wie zum Beispiel Parterrehecken, da beim Schneiden mit dem Blick von oben die Einhaltung einer geraden Linie erfahrungsgemäß schwer fällt. Die Peilschnur wird zwischen zwei gleich hohe Pfähle an der Oberkante der Hecke gespannt. Bei längeren Hecken muß die

Das Auskahlen von Hecken im unteren Bereich kann man teilweise verhindern, indem man im oberen Bereich etwas schärfer zurückschneidet und der Hecke eine trapezförmige Form verleiht.

Flügelschraube   Führung für Höhenverstellung

Mit einer verstellbaren Holzschablone lassen sich Hecken ganz akkurat schneiden.

Heckenschnitt und Vogelschutz

Beim Schnitt von Gehölzhecken muß beachtet werden, daß diese einen sehr wichtigen Brutplatz für zahlreiche Vogelarten darstellen. Vor dem Schnitt sollte man die Hecke nach Nestern absuchen und den Schnitt eventuell einige Wochen verschieben, um die Vögel beim Nisten nicht zu stören.

Sanft geschwungene, halb-hohe Hecken bilden den idealen Rahmen für eine geschützte Sitzecke.

Schnur von weiteren Stäben in der gleichen Höhe gehalten werden.

Zuerst wird die Oberseite einer Hecke geschnitten. Bei breiten Hecken schneidet man von beiden Seiten jeweils bis zur Mitte. Danach werden die Seiten geschnitten. Bei Hecken mit abgewinkelten Seiten kann die Einhaltung des Winkels unter Umständen durch eine Profilschablone erleichtert werden. Dazu fertigt man aus Holzlatten eine Schablone an, die dem Profil der Hecke entspricht. Der Schnitt mit einer Schablone ist nur alle drei bis vier Jahre nötig, um die Hecke wieder in eine exakte und an allen Stellen gleichmäßige Form zu bringen.

Pflegeschnitt bei Kiefernhecken
Kiefernhecken wachsen von Natur aus unregelmäßig und recht locker. Zwar läßt sich mit Kiefern kaum so eine gleichmäßige

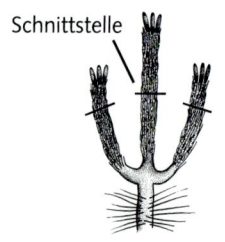

Schnittstelle

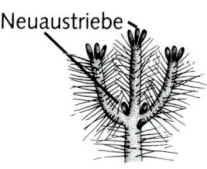

Neuaustriebe

Der Schnitt an Kieferntrieben wird im Mai oder Juni ausgeführt (nach Beltz, verändert).

Hecke wie zum Beispiel mit Rotbuchen gestalten, aber auch bei Kiefernhecken kann man eine gleichmäßige Oberfläche erlangen. Durch einen regelmäßigen Schnitt kann man den von Zeit zu Zeit notwendigen sehr starken und unansehnlich wirkenden Rückschnitt vermeiden, der die Struktur der Hecke stark beeinträchtigt.

Für einen dichteren und gleichmäßigeren Wuchs der Hecke kürzt man von Mitte Mai bis Mitte Juni die Triebe (Kerzen) der Kiefern mit der Gartenschere um die Hälfte oder mehr ein. Dies bewirkt, daß die Knospen an der Spitze und an der Basis des Triebs wieder austreiben. Bei höheren Partien der Hecke kürzt man die Triebe stärker ein als bei niedrigeren Abschnitten. So erreicht man schrittweise eine Angleichung der Hecke.

Pflegeschnitt bei Spaliergehölzen

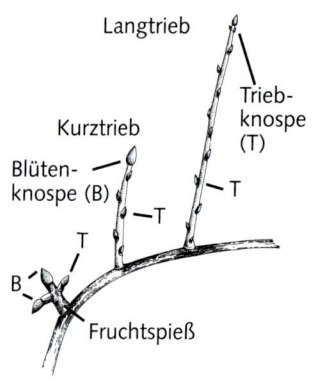

Langtrieb

Trieb-knospe (T)

Kurztrieb

Blüten-knospe (B)

T

T

T

B

Fruchtspieß

Bei Kernobst (z.B. Apfelarten) entstehen Blüten nur an Kurz-trieben bzw. Fruchtspießen (nach Beltz, verändert).

Bei Spaliergehölzen muß man unterscheiden, ob es sich um ein rein dekoratives Spalier handelt oder ob es sich um Obstspaliere handelt, an denen Früchte geerntet werden sollen.

Auf den Schnitt an Obstgehölzen für maximale Erträge kann hier nicht eingegangen werden, da dies den Rahmen des Buches sprengen würde. Allerdings sind Obstspaliere auch Gehölze mit einer intensiven Blüte. Um diese zu erhalten, gilt es einige Grundregeln beim Schnitt zu beachten. Die Blüten an Obstgehölzen entstehen normalerweise an Kurztrieben oder an der Basis von Langtrieben (nicht bei Apfel). Blütenknospen unterscheiden sich in Form und Größe von Blattknospen und können daher leicht unterschieden werden. Für eine intensive Blüte sollte man also nur Langtriebe zurückschneiden. Der günstigste Zeitpunkt für den Schnitt an Obstgehölzen ist im Herbst nach dem Abfallen der Früchte beziehungsweise nach der Ernte.

Alle anderen Gehölze, die an Spalieren gezogen werden wie zum Beispiel Weißdorn, Linde oder Hainbuche, können ganz normal wie Hecken oder geometrische Formen geschnitten werden.

Hinweise zum Ausbessern beschädigter Formgehölze und Tips zur Vermeidung von Schäden an Formgehölzen

Viele Schäden an Formpflanzen lassen sich leicht von vornherein vermeiden. Zum Beispiel sollte man Formpflanzen nicht zu dicht an Fahr- oder Gehwege pflanzen, um schwer zu behebende mechanische Schäden zu verhindern. Spritz- und Düngeschäden lassen sich hingegen durch allgemeine Vorsicht vermeiden.

Behebung von kleinen und größeren Schäden an Einzelgehölzen

Kleinere Schäden an Einzelgehölzen können durch mechanische Einwirkung wie zum Beispiel Windbruch oder aber durch Spritzschäden, Wildverbiß oder auch durch Verbrennungen mit Mineraldüngern hervorgerufen werden. Egal welche Ursache, die Folgen sind meist gleich: Die wertvolle Formpflanze bekommt braune Stellen und verliert an Attraktivität.

Bei geometrischen Formen schneidet man die abgestorbenen Stellen heraus und die Triebe bis ins gesunde Holz zurück. So kann Licht an die freie Stelle gelangen, was das Zuwachsen der Lücke beschleunigt. Im Normalfall wird die Stelle bei kleineren Lücken recht schnell von benachbarten Ästen wieder geschlossen. Etwas größere Lücken kann man schließen, indem man einen nahen Ast mit einem Band so fixiert, daß er sich genau in der Lücke befindet. Wichtig ist es, die Triebspitzen der frischen Triebe regelmäßig zu kappen, um die Verzweigung und damit das Schließen der Lücke zu fördern.

Bei Windbruch an bizarren Formen bleibt einem im allgemeinen nur übrig, den Rest des Astes sauber abzusägen. Eventuell muß die gesamte Pflanze neu gestaltet werden.

Größere Schäden an Formpflanzen erfordern meist eine Umgestaltung der Pflanze, da ein Zuwachsen der betreffenden Stelle sehr viel Zeit in Anspruch nehmen würde. Bei Beschädigungen der Pflanze im unteren Bereich lohnt sich ein Aufasten der Pflanze. So wird aus einem Kegel einfach ein Hochstammkegel.

Bis diese Hecke wieder ansehnlich ist, wird es noch eine Weile dauern. Die Eibe ist ein sehr regenerationsfähiges Gehölz und kann auch aus sehr alten Teilen wieder austreiben. Man sieht deutlich das laubfreie Innere der Hecke und die jungen Triebe an der angeschnittenen Seite. Trockenes Holz sollte ausgeschnitten werden.

133

Bei Beschädigungen im oberen Bereich einer Formpflanze wie zum Beispiel bei einer Pyramide, entfernt man einfach die Spitze vollständig und macht aus einer Pyramide einen Pyramidenstumpf.

Ist die Behebung des Schadens an einer Pflanze schwierig oder sehr aufwendig, so kann man sie auch einfach umpflanzen und dabei die beschädigte Seite aus der Blickrichtung des Betrachters drehen. Die Formpflanze läßt sich bespielsweise an eine Hecke pflanzen oder mit der beschädigten Seite an eine Mauer setzen.

Behebung von Schäden an Gehölzflächen

In Gehölzflächen kann es immer wieder mal vorkommen, daß einzelne Pflanzen oder Pflanzenteile absterben. Bei einer kleinen Lücke kann man mit den Ästen der benachbarten Pflanzen die Lücke schließen, nachdem man zuvor die abgestorbenen Pflanzenteile abgeschnitten hat. Damit die Äste die Lücke schließen, müssen sie mit kleinen Bambusstäben und Band dort fixiert werden. Ist der Schaden größer und ganze Pflanzen oder Pflanzenpartien sind abgestorben, so entfernt man die toten Pflanzen und pflanzt an deren Stelle eine neue. Diese neue Pflanze wird etwas größer und kräftiger gewählt als die übrigen Pflanzen der Gehölzfläche. Nach dem Anwachsen der Pflanzen wird sie geschnitten und an die Gehölzoberfläche angepaßt.

Die Außenkanten von Gehölzflächen sind an Wegen immer durch Tritt gefährdet. Um Stammschäden zu vermeiden, sollte man an der Außenkante Laub und Geäst als Puffer überstehen lassen.

Vermeidung von Düngeschäden an Gehölzflächen

Schäden durch Mineraldünger an den Blättern von Gehölzflächen enstehen dann, wenn der Dünger nicht sorgfältig in die Gehölzoberfläche eingearbeitet worden ist und in den Blattachseln liegenbleibt. Die Verbrennungen an den Blättern lassen sich durch den Einsatz von Depotdüngern größtenteils vermeiden. Zum einen erzeugen sie wegen der Ummantelung weniger hohe Düngerkonzentrationen an den Blättern und zum anderen rollen die harten Kügelchen leichter von den Blättern herunter und zwischen die Pflanzen. Aber egal welcher Dünger verwendet wird, nach der Düngung ist eine sorgfältige Kontrolle der Gehölzoberfläche auf eventuell liegengebliebenen Dünger notwendig. Noch vorhandener Dünger muß mit dem Besen oder einem Handfeger in die Gehölzoberfläche eingearbeitet werden. Sehr gut funktioniert dies auch mit einem kräftigen Ast eines Laubbaumes, der als Besenersatz dienen kann.

Lösliche Mineraldünger können durch eine mehrstündige Beregnung mit einem Kreisregner aufgelöst und so von den Blättern gewaschen werden.

Die Sorgfalt bei der Düngung wird sich auszahlen, denn Düngerschäden sind sehr schwer wieder zu beheben. Es bleibt nur abzuwarten und zu hoffen, daß der einmal eingetretene Schaden durch den Dünger nicht allzu große Ausmaße annimmt oder gar zum Absterben der Pflanzen führt.

Praktisch ganz vermeiden lassen sich Düngefehler durch die Verwendung von organischen Düngern wie Kompost oder Hornspäne.

Vermeidung von Wildschäden an Gehölzflächen

Gehölzflächen sind ein sehr beliebter Wohnort für Kaninchen und andere Tiere, da sie dort selten gestört werden und vor Nachstellung relativ sicher sind. Obwohl dies wünschenswert ist, können Kaninchen durch die Unterhöhlung Schäden an der Gehölzfläche anrichten. Dies kann zum Absterben ganzer Partien der Gehölzfläche führen. Auch bilden die Ein- und Ausgänge Löcher in der Gehölzflächenaußenkante. Um dies zu verhindern, kann die Gehölzfläche mit Maschendraht gesichert werden. Dazu gräbt man rund um die Gehölzfläche verzinkten Maschendraht ca. 40 cm tief in die Erde ein. Oberhalb der Erde wird der Draht bis kurz unter die Oberkante der Gehölzfläche stehengelassen. Den Maschendraht läßt man von den Gehölzen durchwachsen und schneidet die Kante in einigem Abstand zum Draht. Mit der Zeit wird der Maschendraht völlig durch das Laub verdeckt.

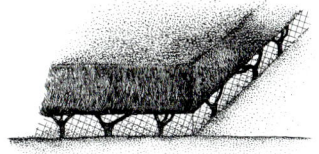

Gehölzflächen können mit Maschendraht vor Wildschäden geschützt werden.

Behebung von Schäden an Hecken

Niedrige Hecken wie Parterre- oder Knotenhecken werden sehr häufig das Opfer von Trittschäden. Aber auch an großen Hecken können einzelne Pflanzen absterben. Jedoch ist es nicht immer notwendig, die abgestorbenen Pflanzen durch neue zu

135

ersetzen. Oft genügt es, die tote Pflanze zu entfernen und Äste von den Nachbarpflanzen in die entstandene Lücke zu führen und dort zusammenzubinden. Auf diese Weise wächst die Lücke durch die Nachbarpflanzen wieder zu.

Bei einer größeren Lücke, die nicht mit nahen Ästen verschlossen werden kann, muß ein neues Gehölz eingesetzt werden. Die Pflanze sollte ungefähr die gleiche Größe haben wie die Nachbarpflanzen. Da Gehölze an Stellen, wo zuvor ein Angehöriger der gleichen Art stand, oftmals schlechter wachsen, empfiehlt es sich, auch die Erde um das Pflanzloch herum zu erneuern.

Der Verjüngungsschnitt

Wann ist der beste Zeitpunkt für einen Verjüngungsschnitt?
Eine Verjüngung erfolgt am besten in der ersten Frühlingshälfte in den Monaten März und April. Der frühe Zeitpunkt gibt den Pflanzen Gelegenheit, sich zu regenerieren und neue Knospen zu bilden.

Eine Verjüngung von Formpflanzen kann notwendig werden, wenn diese entweder zu groß geworden sind oder aber über mehrere Jahre nicht geschnitten wurden und aus der Form geraten sind. Die meisten Gehölze, die sich als Formgehölze eignen, vertragen auch einen Verjüngungsschnitt ohne bleibende Schäden. Der Rückschnitt regt die sogenannten schlafenden Augen (Knospen) zum Austreiben an.

Hervorragend geeignet für eine Verjüngung sind Eiben. Aber auch die klassischen Heckengehölze wie Rot- und Hainbuche lassen sich sehr gut verjüngen. Bei Koniferen wie zum Beispiel Kiefern oder Fichten ist ein Verjüngungsschnitt problematisch und daher nicht zu empfehlen. Eine Verjüngung kann hinausgezögert werden, indem nur sparsam oder gar nicht gedüngt wird und indem der Pflegeschnitt regelmäßig durchgeführt wird.

Behandlung der Pflanzen vor und nach dem Verjüngungsschnitt

Sehr empfehlenswert ist es, die Pflanzen in den Monaten vor dem Rückschnitt mit einem handelsüblichen, stickstoffbetonten Volldünger (zum Beispiel Nitrophoska perfekt oder Nitrophoska blau) ausreichend zu düngen. Die Düngung fördert nach dem Verjüngungsschnitt die Bildung neuer Knospen und das vegetative Wachstum.

136

Nach einem Verjüngungsschnitt sollten die Pflanzen bis zum Neuaustrieb mit Schattierungsnetzen abgedeckt werden. So können Schäden durch Austrocknung vermieden werden und durch das günstige Mikroklima unter den Netzen der Neuaustrieb gefördert werden.

Nach einem Verjüngungs-schnitt wurden diese Buchs-baumkugeln mit Schattie-rungsnetzen abgedeckt, um die Verdunstung zu reduzieren und Verbrennungen an der Pflanze zu vermeiden.

Verjüngung von geometrischen Formen

Da auch geometrische Formen trotz häufigen Schneidens langsam größer werden, kann es vorkommen, daß diese Pflanzen in Konflikt mit benachbarten Pflanzen kommen. Dann hilft nur noch ein radikaler Rückschnitt, um eine Verkleinerung der Pflanze zu erreichen.

Bei geometrischen Formen, die aus Buchsbaum bestehen, kann es passieren, daß große Pflanzen zu locker werden oder gar bei Belastung durch Schnee auseinanderfallen. Die Figur muß dann ebenfalls verjüngt werden. Dazu werden die Pflanzen mit der Heckenschere unter Beachtung der Form und der Symmetrie gleichmäßig auf das gewünschte Maß zurückge-

137

Verjüngung einer Buchsbaum-kugel.

schnitten. Dabei muß darauf geachtet werden, daß die Grund-struktur der Pflanze nicht zu stark beeinflußt wird, indem zum Beispiel Hauptäste entfernt werden.

Die Verjüngung von bizarren Formen und von Spezial-formen

Die Verjüngung von bizarr gewachsenen Formen kann in der Regel nur erfolgen, indem Äste eingekürzt oder ganz abge-schnitten werden. Dies erfordert viel Fingerspitzengefühl, da sehr leicht das Gesamtbild der Pflanze beeinträchtigt werden kann. Besser ist es, die Pflanzen bei jedem Pflegeschnitt etwas stärker zurückzuschneiden, um einen Verjüngungsschnitt zu vermeiden.

Bei Kiefern kann man den Zuwachs bremsen, indem man die Triebe (Kerzen) im Frühjahr fast komplett zurückschneidet.

Ebenfalls schwierig ist eine Verjüngung von Spezialformen wie Tierformen oder Buchstaben und Zahlen. Am besten verfährt man wie bei den geometrischen Grundformen und schneidet die Pflanzen gleichmäßig stark zurück. Einfacher ist es, wenn die Form durch ein Gerüst oder Drahtgestell vorge-geben ist, an dem man sich beim Pflegeschnitt orientieren kann und von Anfang an das Größerwerden der Pflanze einschränkt.

Die Verjüngung von Hecken

Im Gegensatz zu aufwendig geformten Einzelpflanzen können Hecken im allgemeinen relativ leicht verjüngt werden. Dazu schneidet man im Frühjahr die einzelnen Stämme der Hecken-pflanzen mit einer Säge scharf zurück. An dem Stumpf bilden sich noch im gleichen Jahr zahlreiche neue Austriebe, die im darauffolgenden Frühling nochmals eingekürzt werden. Dabei wird die gewünschte neue Höhe der Hecke ungefähr bestimmt. In den nächsten Jahren wird die Form durch den Pflegeschnitt im Frühjahr festgelegt.

Die Verjüngung von Kiefernhecken

Die Verjüngung von Kiefernhecken ist in der Regel problemati-scher als bei anderen Gehölzarten, da abgeschnittene Äste leicht eintrocknen oder nur unwillig neue Knospen bilden. Die Pflanze benötigt nach der Verjüngung mehrere Jahre, um sich zu regenerieren und ist während dieser Zeit besonders anfällig gegenüber Störungen. Auf jeden Fall sollte man einen Rückschnitt bis ins vier- oder fünfjährige Holz gänzlich vermeiden, da dadurch die Struktur der Pflanze erheblich beeinträchtigt wird.

Verpflanzung von Formgehölzen

Das Verpflanzen von Formgehölzen läuft prinzipiell genauso wie bei normal gewachsenen Gehölzen. Allerdings sind die über viele Jahre herangezogenen Formgehölze wie zum Beispiel eine Buchsbaumkugel oft sehr viel sperriger als vergleichbare Büsche und müssen entsprechend vorsichtig behandelt werden.

Bei Pflanzen, die längere Zeit am gleichen Standort gestanden haben, muß man beim Verpflanzen sehr sorgfältig vorgehen, um die Pflanze nicht zu schädigen. Ein bis zwei Jahre vor dem eigentlichen Verpflanzen wird die Pflanze mit einem Spaten umstochen. Dadurch werden die Hauptwurzeln gekappt und die Pflanze wird zur Bildung neuer Wurzeln angeregt. Pflanzen mit sehr ausladenden Äste müssen vor dem Verpflanzen aufgebunden werden, damit später keine Äste abbrechen. Bei den meisten Formgehölzen ist dies jedoch sehr schwierig, da durch das Aufbinden die Form in Mitleidenschaft gezogen werden kann. Bei vielen bizarr gewachsenen Formen unterläßt man es ebenfalls, weil die Äste sehr leicht brechen. Anschließend wird die Pflanze mit einem ausreichend großen Ballen freigegraben und vorsichtig an den neuen Standort transportiert. Innerhalb des Garten ist dies im allgemeinen problemlos mit einer Schubkarre zu bewältigen. Besondere Maßnahmen erfordert jedoch der Transport auf einem Fahrzeug über größere Distanzen. Alle Formgehölze müssen aufrecht transportiert werden und gegen das Umfallen gesichert werden. Bizarr gewachsene Gehölze mit langen abstehenden Ästen müssen zusätzlich gesichert werden. Die Äste werden jeweils mit Bändern am Wurzelhals und gleichzeitig im Kronenbereich des Stamms fixiert. Nach dem Pflanzen werden die Bänder, die zum Aufbinden der Pflanze verwendet worden sind, entfernt. Bis zum Anwachsen sollten die Pflanzen mit Schattierungsnetzen bedeckt bleiben und regelmäßig gewässert werden.

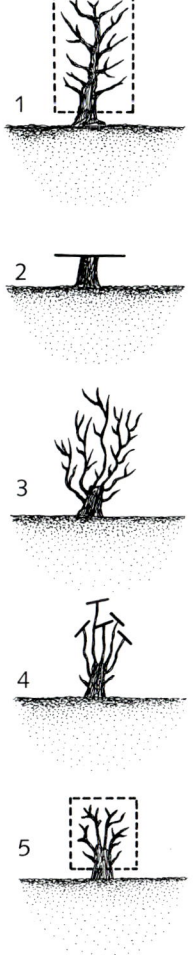

Radikale Verjüngung einer Buchenhecke.
Ausgangsform (1), Kappen des Stammes (2). Im darauffolgenden Frühjahr werden die Neuaustriebe (3) stark gekürzt (4). Im nächsten Jahr (5) kann der reguläre Heckenschnitt beginnen.

139

Düngung

Der Einfluß von Dünger auf die Formpflanze

Formpflanzen erfordern keine spezielle Düngung. Unter
Umständen kann eine Düngung von Formpflanzen sogar nachteilig sein, da die Düngung verstärkt das vegetative Wachstum
der Pflanze fördert. Dadurch kann besonders bei bizarren Formgehölzen der Charakter der Pflanze beeinträchtigt werden.
Durch eine starke, stickstoffbetonte Düngung entstehen weiche
und zu lange Triebe, die sehr anfällig für Erkrankungen sind. Im
Gegensatz dazu fördern geringe Düngergaben oder gar kein
Dünger kompakte und dichte Formen sowie einen arttypischen
Wuchs. Ferner bewirkt eine Düngung, daß die Pflanzen stärker
wachsen, was wiederum zur Folge hat, daß häufiger
geschnitten werden muß und somit der Pflegeaufwand steigt.
Die meisten Gartenböden sind vornherein bereits ausreichend
mit Nährstoffen versorgt. Wenn gedüngt wird, sollte auf jeden
Fall sparsam gedüngt werden. Optimal sind langsamfließende

Übersicht über einige wichtige Dünger und ihre Zusammensetzung

Langzeitdünger (Depotdünger)

Osmocote Plus	15-10-12-2+	5-6 Monate wirksam
Osmocote Plus	16-8-12-2+	8-9 Monate wirksam
Plantacote Depot 8M	14-9-8	8 Monate wirksam

Volldünger

Nitrophoska blau spezial	12-12-17-2
Floranid permanent	15-9-15-2

Organische Dünger

Hornspäne	organischer Stickstoffdünger
Cuxin	gekörnter Naturdünger aus Hühnerdung, Rinder-dung und Hornanteilen
Oscorna Animalin	Gartendünger mit 60 % humusbildender Substanz (6 bis 7 % N, 9 % P, 2 % Kali)
Kompost	

Langzeitdünger (Depotdünger) mit Spurenelementen wie Plantosan oder Osmocote Plus. Ein Langzeitdünger gibt die Nährstoffe gleichmäßig über einen Zeitraum von 8 bis 9 Monaten (Osmocote Plus) ab und versorgt so die Pflanze dauerhaft mit Nährstoffen. Darüber hinaus verringert die langsame Abgabe der Nährstoffe eine Auswaschung der Nährstoffe und schont die Umwelt.

Wann wird gedüngt?

Falls gedüngt werden soll, so erfolgt die Düngung jeweils nach dem Pflegeschnitt. Die Nährstoffe fördern den Neuaustrieb und die Blattbildung.

Es gibt Ausnahmen, bei denen eine Düngung notwendig ist. Kiefern treiben zum Beispiel nach einem Rückschnitt ins zweijährige Holz nur sehr unwillig wieder aus. Hier kann eine Düngung vor dem Schnitt mit einem stickstoffbetonten Dünger wie Nitrophoska Perfekt die Neubildung von Knospen unterstützen. Bei allen Pflanzen fördert eine Düngung nach einem starken Rückschnitt, beispielsweise nach einem Verjüngungsschnitt, die Neubildung von Triebknospen und die Regeneration.

Pflanzenschutz

Natürlich können auch Formgehölze von Schädlingen und Krankheiten befallen werden, und kein Gartenbesitzer möchte seine aufwendig gestaltete Pflanze durch Schädlingsbefall verlieren.

Für den Pflanzenschutz gilt grundsätzlich, daß vorbeugen besser ist als heilen. Damit sind keine präventiven Spritzungen gemeint, sondern artgerechte Standorte für die Pflanzen. Pflanzen werden besonders leicht das Opfer von Schädlingen, wenn sie nicht gesund sind oder unter Streß stehen. Krankheitsfördernd sind übermäßige Düngung, Staunässe und Bodenverdichtung, größere Verletzungen, Wassermangel sowie ein ungünstiger Standort mit zuviel oder zuwenig Licht. Wenn man in diesen Punkten den Bedürfnissen der Pflanze entspricht, wird es nur selten zu ernsthaften Erkrankungen an der Pflanze kommen. Bevor man also zur Giftspritze greift, sollte man

141

versuchen, die Ursachen für den Schädlingsbefall herauszu-
finden. Das gilt nicht nur für Formpflanzen, sondern für alle
Pflanzen des Gartens.

Da Formgehölze in Gärten normalerweise nicht in
größeren Stückzahlen vorkommen, kann der Pflanzenschutz
auch ohne den Einsatz von Pestiziden auskommen. Oft genügt
es, die erkrankten Pflanzenteile zu entfernen oder die Schädlinge abzusammeln. Zumindest läßt sich so der Befall ein-
dämmen. Kräftige Pflanzen überstehen auch einen Schädlingsbefall im allgemeinen ohne bleibende Schäden, auch wenn
man nichts dagegen unternimmt. Nur im absoluten Notfall
sollte zu Pestiziden gegriffen werden. Eine weitere Möglichkeit
besteht in der Anpflanzung robuster und resistenter Gehölzarten und -sorten. Zum Beispiel ist der Zierapfel *Malus
sargentii* im Gegensatz zu den meisten anderen Zierapfelsorten
resistent gegen den Echten Mehltau. Die meisten der empfoh-
lenen Gehölze wie die Eibe oder der Buchsbaum sind von
Natur aus sehr robust und somit recht wenig krankheits- beziehungsweise schädlingsanfällig.

Wildkräuter

Besonders vorsichtig muß man mit Unkrautvernichtungsmitteln
(Herbizide) vorgehen, die zum Beispiel für die Bereiche
zwischen den Formpflanzen eingesetzt werden. Durch Spritz-
fehler oder eine Windböe kann leicht Spritzbrühe auf die
Formpflanze gelangen und dort massive Schäden verursachen,
indem sich Teile des aufwendig geformten Gehölzes braun
verfärben und absterben. Besser für die Formpflanzen und für
die Natur ist es, die Wildkräuter durch Hacken oder Heraus-
ziehen zu beseitigen.

Um den Wuchs von Wildkräutern dauerhaft einzu-
schränken, lohnt es sich, die Beete zu mulchen. Sehr gut
geeignet sind dafür Rindenmulch oder aber auch Holzschnitzel.
Das Mulchen trägt durch Humusbildung zu Verbesserung des
Bodens bei.

Gehölzflächen als unkrautfreie Flächen im Garten

Bei Gehölzflächen aus Buchsbaum oder Ilex existiert das
Unkrautproblem bereits nach wenigen Jahren nicht mehr. Die
Pflanzen bilden schnell eine geschlossene Oberfläche und

lassen kein Licht an den Boden gelangen. So wird das Wachstum von Wildkräutern erfolgreich verhindert und man hat außer dem Pflegeschnitt keine weitere Arbeit mit den Gehölzflächen.

Erkrankungen an Formgehölzen und deren Vermeidung beziehungsweise Abwehr

Gefurchter Dickmaulrüßler
(Otiorrhynchus sulcatus)
Flugunfähiger, nachtaktiver Käfer, der an den Blättern zahlreicher Gehölze frißt. Die 8 bis 12 mm großen Larven schädigen die Pflanzen durch unterirdischen Fraß an den Wurzeln. Befällt Eibe, Ilex, Flieder, Rhododendron und andere Gehölze. Besonders häufig in torfreichen Substraten.
Bekämpfung: Beim Kauf auf Befall achten (Buchtenfraß an Blättern, Larven im Substrat). Gegen die Larven Einsatz von Boden-Nützlingen (Nematoden), die im Fachhandel erhältlich sind.

Blattläuse
(Aphidina)
Große Gruppe von Schadinsekten, die an jungen Trieben saugen. Blattlausbefall kann zu Triebsterben führen. Ferner werden durch Blattläuse Viruserkrankungen übertragen.
Bekämpfung: Bei normalen Befal ist eine Bekämpfung nicht notwendig. Bei starken Befall nur nützlingsschonende Mittel auf Rapsöl- oder Fettsäurebasis verwenden.

Ilex-Minierfliege
(Phytomyza ilicis)
Im Sommer fressen die Larven der Fliege in den Blättern der Stechpalme und verursachen schlangenförmige, aufgetriebene Minen. Später fallen die Blätter ab.
Bekämpfung: Entfernen der befallenen Blätter oder Behandlung mit Mitteln auf Rapsöl- oder Fettsäurebasis.

143

Wolläuse

(Pseudococcidae)

Wolläuse schädigen unter den Formpflanzen vor allem Kiefern, bei denen dies zu Wachstumstörungen, Vergilbungen und Nadelfall führt.

Bekämpfung: Im Frühjahr gegen die Eier und später die ausgewachsenen Tiere mit Schädlingsfrei Naturen spritzen.

Rotpustelkrankheit

(Nectria cinnabarina)

Pilzerkrankung mit charakteristischen roten Pusteln, die zum Absterben einzelner Äste und später der ganzen Pflanze führt. Sporen werden durch Wind, Tiere und Schnittwerkzeuge übertragen. Der Pilz befällt nur Laubgehölze wie zum Beispiel Ahorn, Apfel, Buche, Esche, Hainbuche, Johannisbeere, Linde, Ulme und Weißdorn.

Vermeidung: Vermeidung von Staunässe, Bodenverdichtung, Überdüngung und anderen Belastungen der Pflanze. Schnittabfälle entfernen und vernichten.

Kiefernschütte

(Lophodermium pinastri)

Pilzerkrankung, die an den Nadeln von Kiefern im Winter braune Flecken hervorruft, die dann im folgenden Jahr abgeworfen werden. Der Neuaustrieb ist nicht gefährdet. Die Infektion wird durch Feuchtigkeit gefördert.

Vermeidung: Gute Wasserversorgung der Pflanze im Spätsommer. Enge Pflanzung vermeiden.

Kieferntriebwickler

(Rhyachionia buoliana)

Die Raupen des Kieferntriebwicklers fressen Nadeln und befressen die jungen Knospen und Triebe durch Aushöhlung. Der Schädling befällt vor allem *Pinus mugo* und *P. silvestris*.

Bekämpfung: Durch Abschneiden/Verbrennen befallener Triebe.

Kiefernnadelscheiden-Gallmücke

(Thecodiplosis brachyntera)

Die Larven der Mücke dringen in die Nadelscheide ein und verursachen dort Verwachsungen. Der Befall führt zur Gelbfär-

bung der Nadeln und später zum Nadelverlust. Erkennbar ist die Krankheit an der angeschwollenen Basis der Nadel. Befallen werden vor allem *Pinus sylvestris*, *P. montana* und *P. nigra*.
Bekämpfung: Einschränkung durch Abschneiden und Vernichtung befallener Zweige.

Spinnmilben

(Tetranychidae)
Die kleinen Tierchen befallen die Blätter und schädigen sie durch Saugen. Die Vermehrung wird durch trockenes und warmes Wetter gefördert.
Bekämpfung: Spritzung vor dem Austrieb und bei Befall mit Rapsölpräparaten (Naturen) spritzen. Für Feuchtigkeit sorgen.

Echter Mehltau

(Erysiphales)
Pilzerkrankung, die zu weißlichen Belägen auf der Blattoberseite und zum Absterben der Blätter führt. Eine stickstoffbetonte Düngung fördert den echten Mehltau.
Bekämpfung: Wöchentlich mit BioBlatt-Mehltaumittel oder Netzschwefelit spritzen.

Feuerbrand

(Erwinia amylovora)
Meldepflichtige Bakterienerkrankung, die zum Absterben der Pflanze führt. Erkennbar ist die Krankheit an den braunen Blättern und abgestorbenen, herunterhängenden Triebspitzen. Befallen werden Apfel, Birne, Eberesche, Feuerdorn und Weißdorn.
Bekämpfung: Nicht möglich. Befallene Pflanzen vernichten.

145

Wasserversorgung der Pflanzen

Formpflanzen sieht man wegen ihres Wuchses und den oft derben Blättern und Nadeln einen Wassermangel kaum an. Die Pflanzen sollte deshalb bei niederschlagsarmer und warmer Witterung regelmäßig gewässert werden.

Zu der richtigen Pflege der wertvollen Formgehölze gehört auch das richtige Wässern. Leider werden beim Wässern der Pflanze immer wieder fatale Fehler begangen, die das Formgehölz von Anfang an schwächen.

Wenn möglich, so sollten alle Pflanzen während der ersten Monate mit einem Gießrand versehen sein. Auf keinen Fall sollte man den Wasserbedarf von Formgehölzen, die zumeist noch immergrün sind, unterschätzen. Da diese Pflanzen regelmäßig geschnitten werden, haben sie sehr dichtes Laub mit einer Verdunstungsoberfläche, die deutlich größer ist als bei einer vergleichbaren, natürlich gewachsenen Pflanze.

Genauso gefährlich wie zuwenig Wasser ist die Überversorgung mit Wasser. Man sollte sich durch den Gießrand nicht dazu verleiten lassen, die Pflanzen zu ertränken. Zuviel Wasser führt zu einer drastischen Verminderung der Bodenluft im Ballenbereich und die Wurzeln „ersticken".

Gefahr durch Frosttrocknis für immergrüne Gehölze

Die Gefahr der Frosttrocknis besteht generell für alle immergrünen Gehölze. Formpflanzen sind jedoch durch eine große Blattoberfläche, eine exponierte Lage oder durch die Pflanzung in Kübeln besonders gefährdet. Immergrüne Gehölze sind von der Frosttrocknis stärker betroffen als Laubgehölze, da sie bei gefrorenem Boden zwar Wasser über das Laub verdunsten, aber keines aus dem Boden nachführen können. Dies kann bedeuten, daß die Pflanzen bei lang anhaltendem Frost vertrocknen. Immergrüne Gehölze sollten deshalb vor den ersten starken Frösten ausreichend gewässert werden.

Gegenüberliegende Seite: Immergrüne Formpflanzen haben einen relativ hohen Wasserbedarf und müssen daher im Sommer regelmäßig gewässert werden.

Oben: Der Schnee betont die Linienführung und die Formen, gleichzeitig ist er der beste Schutz gegen die Gefahr der Frosttrocknis.

147

Pflanzung

Auswahl des Standorts

Die Auswahl des Standorts für ein Formgehölz sollte vor allem nach den Standortansprüchen der Pflanze erfolgen. Erst danach kommen ästhetische Gesichtspunkte und Gestaltungswünsche. Der Einsatz von Formpflanzen hängt stark von der Größe des Gartens sowie von der Art der Anlage des Gartens ab. Formpflanzen sind zumeist wertvolle Einzelgehölze und müssen entsprechend positioniert werden, um zur Geltung zu kommen. Bei der Plazierung von Formgehölzen kann man im Prinzip frei gestalten und der Phantasie seinen Lauf lassen.

Ungeeignete Standorte für Formpflanzen
Einige Standorte scheiden für Formgehölze jedoch von vornherein aus. Dazu gehören ständig nasse, tiefliegende oder stark verdichtete Böden sowie sehr intensiv schattierte Standorte wie zum Beispiel unter bereits vorhandenen Bäumen.

Kunstvoll geformte Buchsbaumfiguren in Blandy's Garden auf Madeira.

Licht und Schatten

Bei der Auswahl des Standortes muß berücksichtigt werden, daß Pflanzen generell zum Licht hin wachsen. Die Pflanze darf sich also nicht mit einer Seite ständig im Schatten befinden. Dies würde zu einem einseitigen Wachstum der Pflanze führen. Ein zu dunkler Standort führt zu einem sehr lockeren, schlaksigen Wuchs.

Die „Schokoladenseite" der Pflanze sollte der sonnigen Seite zugewandt sein, damit sie voll zur Geltung kommt.

Der Wechsel von Licht und Schatten kann bei Formpflanzen sehr reizvoll wirken, indem die Konturen und Formen betont werden. Auch die Intensität der Farben hängt von der Lichtmenge ab. Das Grün der Gehölze wirkt an einem sonnigen Standort intensiver und satter als im Halbschatten. Die Blütenpracht vieler Gehölze sowie rot oder bunt gefärbte Blätter kommen erst in voller Sonne zur richtigen Entfaltung.

Formpflanzen brauchen Platz

Ein weiterer wichtiger Aspekt bei der Auswahl eines Standortes ist die Zugänglichkeit der Pflanze. Da die Formpflanze jedes Jahr geschnitten werden muß, ist es wichtig, daß sie von allen Seiten leicht zugänglich ist. Auch darf man nicht vergessen, daß Formgehölze trotz des jährlichen Schnitts ständig an Höhe und Volumen zunehmen. Der Raum für die Pflanzen sollte also ausreichend groß dimensioniert sein. Späteres erneutes Umpflanzen bedeutet einen erheblichen Arbeitsaufwand und schadet der Pflanze.

Was man beim Kauf der Pflanzen beachten sollte

Durch Umsicht beim Kauf der Pflanzen läßt sich späterer Ärger durch schlechtes Wachstum oder Ausfälle leicht vermeiden. Eine gute Ausgangsqualität ist die Grundvoraussetzung für gesunde, kräftige und langlebige Formpflanzen.

Die Pflanzen, die als Ausgangsmaterial für die Formgehölze dienen sollen, können sowohl in Gartencentern als auch in

Ansicht eines Gartens mit
wenigen, aber geschickt
arrangierten Formgehölzen.
Die Reihe von Buchsbaum-
quadern bildet einen interessanten Kontrast zu den natürlich gewachsenen Gehölzen
der Rabatte.

*Dieser Gärtner läßt seine
Figuren mit Kletterpflanzen
bewachsen.*

Gärtnereien bezogen werden. Beide bieten ein umfangreiches
Sortiment an Gehölzen, die man zu Formgehölzen umgestalten
kann. Gartencenter bieten sicherlich den Vorteil der übersichtli-
chen Präsentation und des unkomplizierten Einkaufs. In einigen
Gartencentern sind mittlerweile sogar schon vorgeformte oder
fertige Formgehölze erhältlich. Allerdings wird der Service
durch ein generell höheres Preisniveau als in Gärtnereien
erkauft. Dies spielt beim Kauf von Einzelpflanzen keine so
große Rolle, da dabei Aussehen und Qualität der Pflanze im
Vordergrund stehen. Beim Kauf von größeren Mengen an
Pflanzen, die für die Anlage von Hecken oder Flächenpflan-
zungen benötigt werden, kann der Einkauf in einer Gärtnerei
einen beachtlichen Preisvorteil bieten. Ein Besuch von

152

mehreren Gartencentern und Gärtnereien zum Vergleich ist auf jeden Fall lohnenswert.

Mit etwas Glück kann man gerade in Gärtnereien besonders bizarr gewachsene Gehölze sehr günstig erstehen. Diese Gehölze besitzen durch ihren außergewöhnlichen Wuchs oft einen speziellen Reiz als Formpflanzen und können als Ausgangsbasis für charakterstarke Einzelgehölze dienen. Für den Gärtner jedoch sind diese Pflanzen normalerweise von geringerem Wert, da sie nicht dem herkömmlichen Bild eines Gartengehölzes entsprechen.

Kriterien für den Kauf von Gehölzen zur Gestaltung von Formpflanzen

Ein wichtiges Kriterium, das es beim Kauf der Pflanzen zu berücksichtigen gilt, ist neben Wuchsstärke und Standortanforderungen vor allem das jeweilige Gestaltungsziel.

Man muß sich im klaren darüber sein, daß die Schaffung von Formgehölzen ein langjähriger Reifeprozeß ist. Die Gestaltung eines perfekt geformten Buchsbaumkegels ist nicht in ein oder zwei Jahren möglich. Beim Kauf kann man also ruhig zu jungen Pflanzen greifen, die einem alle Gestaltungsmöglichkeiten offenlassen. Generelle Aussagen zur Größe der Gehölze beim Kauf sind jedoch schwierig, da dies im wesentlichen eine Geschmacksfrage ist. Eine nur 30 cm große, kugelig geschnittene *Pinus mugo* 'Mops' kann ebenso interessant wirken wie ein 150 cm hoher *Taxus baccata*-Kegel. Ältere Pflanzen wirken durch die Ausprägung der individuellen Merkmale der Pflanze deutlich stärker.

Für Gehölzflächen benötigt man ebenfalls junge Gehölze, da das Gestaltungsziel eine geschlossene Fläche, nicht aber eine große Höhe der Fläche ist. Man kann stattdessen lieber etwas dichter pflanzen und so schneller eine geschlossene Fläche erreichen.

Möchte man lieber schnell eine gewisse Höhe der Pflanze erzielen, so sollte man darauf achten, daß die Pflanze einen zentralen Leittrieb besitzt. Für die Gestaltung von geometrischen Formen ist es wichtig, daß die Pflanzen bereits beim Kauf einen weitgehend symmetrischen Wuchs aufweisen. Einmal vorhandene Asymmetrien müssen über mehrere Jahre hinweg durch den Schnitt ausgeglichen werden.

153

Qualität ist oberstes Gebot

Viel wichtiger als Größe und Alter ist eine gute Qualität der Pflanzen, denn Formpflanzen bleiben im Normalfall über Jahrzehnte im Garten. Vor dem Kauf sollte man sich die Pflanze eingehend betrachten und einer Qualitätsprüfung unterziehen, da leider immer wieder minderwertige Ware angeboten wird. Die Pflanze muß einen gesunden Eindruck machen. Dazu gehören vor allem eine kräftige Ausfärbung der Blätter und ein dichter Wuchs. Ungewöhnlich kleine oder gelbliche Blätter deuten Nährstoffmangel oder Staunässe an. Die Pflanze muß frei sein von Schädlingen und sichtbaren Erkrankungen wie Pilzbefall auf den Blättern. Während kleinere Beschädigungen wie abgeknickte Ästchen kaum eine Rolle spielen, stellen Verletzungen am Stamm eine ernsthafte Gefahr für die Pflanzen dar. Von besonderer Bedeutung ist der Zustand des Ballens. Das Substrat von Containerpflanzen sollte mäßig feucht und locker sein. Ein mit Moos bewachsener Topfballen deutet auf ein nasses, verdichtetes Substrat hin.

Ein weiteres wichtiges Qualitätsmerkmal ist die Ausbildung des Wurzelwerks. Von Pflanzen, die nur wenige dicke Wurzeln haben, sollte man Abstand nehmen. Die feinen Wurzelhaare befinden sich immer nur an den Enden der Wurzeln. Durch das Verpflanzen werden diese dann bei ungenügend durchwurzelten Ballen abgetrennt und die Pflanze kann bis zur Neubildung der Wurzelhaare nicht genug Wasser aufnehmen. Optimal ist ein fein verwurzelter, fester Ballen, der beweist, daß das Gehölz regelmäßig verpflanzt worden ist. Die zahlreichen feinen Wurzeln sind sehr regenerationsfähig und ermöglichen der Pflanze nach dem Verpflanzen eine zügige Neubildung von Wurzeln zur Wasser- und Nährstoffaufnahme. Ein so strukturierter Ballen ist die beste Garantie dafür, daß die Pflanze nach dem Kauf im eigenen Garten problemlos anwächst.

Containerpflanzen oder Freilandware?

Für viele Kunden stellt sich immer wieder die Frage, ob sie Containerpflanzen oder besser ballierte Pflanzen vom Freiland verwenden sollen. Von der Handhabung sind Containerpflanzen sicherlich praktischer, weil diese leichter zu transportieren und sauberer sind. Meiner Meinung nach jedoch sind, sofern man die Wahl hat, ballierte Pflanzen vom Freiland immer den

Pflanzen im Kunststoffcontainer vorzuziehen. Die Erfahrung hat gezeigt, daß Freilandpflanzen im allgemeinen kräftiger sind und ein bedeutend umfangreicheres Wurzelsystem ausbilden. Ein weiteres Argument für die Freilandware ist die Produktion von überflüssigem Plastikabfall durch den Kauf einer Container-pflanze. Die Juteballierung einer Freilandpflanze verrottet innerhalb weniger Monate vollständig.

Behandlung der Gehölze nach dem Kauf
Nach dem Kauf sollte die Pflanze so bald wie möglich gepflanzt werden. Ist dies nicht möglich, so ist es sinnvoll, die Pflanze an einem schattigen Ort bis zum Pflanzen aufzubewahren, um Schäden durch Austrocknung zu vermeiden. Der Ballen muß ständig feucht gehalten werden und ist gegebenenfalls zusätzlich mit nassen Jutesäcken abzudecken. Bei immergrünen Gehölzen oder bei Pflanzen im belaubten Zustand kann man das Laub mit einem feinmaschigen Kunststoffnetz abdecken, um die Transpiration der Pflanze zusätzlich zu reduzieren. Sehr gut geeignet sind dafür die dunkelgrünen Kunststoffnetze, die von Gärtnereien zur Schattierung von Foliengewächshäusern verwendet werden. Erhältlich sind diese Schattierungsnetze im Handel für Gärtnereibedarf. Bei einem längeren Zeitraum bis zur Pflanzung lohnt es sich, die Pflanze einzuschlagen. Dies bedeutet, daß die Pflanze vorübergehend an einem geschützten Ort flach eingepflanzt wird.

Zeitpunkt der Pflanzung

Der optimale Zeitpunkt zum Pflanzen von Gehölzen liegt während der Ruhephase der Gehölze zwischen Oktober und Mitte Mai. Laubabwerfende Gehölze sollten nur im laublosen Zustand verpflanzt werden. Während dieser Zeit bedeutet das Verpflanzen die geringste Streßbelastung für die Pflanzen. Generell ist jedoch ein Verpflanzen von Containerpflanzen wie auch von Ballenware guter Qualität das ganze Jahr über möglich. Dies setzt jedoch sehr gute Pflege und ständige Beobachtung des frisch verpflanzten Gehölzes voraus. Unballierte Heckenware kann nur während der Vegetationsruhe gepflanzt werden.

Innerhalb der Vegetationsruhe kann der Zeitpunkt der Pflanzung frei gewählt werden. Ungünstig ist allerdings das Pflanzen von Gehölzen in gefrorenen oder nassen Böden. Nasse Böden sind nur ungenügend durchlüftet und der Sauerstoffmangel kann irreversible Schäden an den Wurzeln hervorrufen.

Im Herbst verursachen Stürme oft Windbruch an den frisch eingesetzten Gehölzen, die noch nicht ausreichend angewurzelt sind. Optimal scheint ein Verpflanzen von Gehölzen im Frühjahr in den Monaten März und April zu sein. Zu dieser Zeit stabilisiert sich im allgemeinen das Wetter, und die Pflanzen können bald nach dem Einsetzen mit dem Anwurzeln und dem Wachstum beginnen.

Das ideale Wetter zum Pflanzen ist dabei immer ein bedeckter Himmel oder ein leichter Nieselregen. Der Boden sollte mäßig feucht sein.

Vorbereitung des Bodens

Ein guter Boden ist eine wichtige Voraussetzung für eine gesunde Formpflanze. Bei den meisten Gartenböden ist, wenn überhaupt, nur eine leichte Bodenverbesserung nötig.

Schwere Böden

Tonige und lehmige Böden neigen zum Verdichten und bei Nässe zum Verschlämmen. Deshalb muß ein verdichteter, toniger Boden vor dem Pflanzen tiefgründig gelockert werden und mit Humus oder Sand vor erneuter Verdichtung geschützt werden.

Gegen erneutes Verdichten schützt kräftiges Mulchen mit organischem Material.

Leichte, sandige Böden

Sandige Böden sind sehr durchlässig und können daher Wasser sehr schlecht speichern. Sie sind häufig nährstoffarm. Zur Verbesserung der Bodentextur müssen sehr leichte und sandige Böden mit toniger Erde und Humus angereichert werden. Dazu ist Kompost sehr gut geeignet. Der Humus ermöglicht dem Boden Wasser und Nährstoffe zu speichern.

Bodenarten und ihre Einordnung durch die Fingerprobe

(nach Krüssmann, verändert)

Bodenart	Beurteilung durch Fingerprobe	Tonhaltige Teile
Sandboden	körnig,rauh	bis 5 %
Lehmiger Sand	rauh	5 - 10 %
Lößlehm	stumpf, feucht klebend, trocken verstaubend	10 - 15 %
Sandiger Lehm	rauh, feucht formbar	20 - 40 %
Schwerer Lehm	schlüpfrig, feucht, klebrig, knet- und formbar	40 - 50 %
Tonboden	fettig, seifig	50 - 100 %

Richtig pflanzen

In dem vorbereiteten Boden wird für den Ballen der Pflanze
ein Loch ausgehoben. Das Loch sollte in etwa den 1,5fachen
Durchmesser des Ballens aufweisen. Die Tiefe des Lochs sollte
die Höhe des Ballens nur leicht übertreffen. Oft werden
Gehölze im Garten mit mindestens 1,5facher Ballenhöhe als
Lochtiefe zu tief gepflanzt. Dies verschlechtert die Belüftung
der Wurzeln. Bei Containerpflanzen muß zunächst der
Kunststoffbehälter vorsichtig entfernt werden. Ein Auflockern
des Topfballens ist im allgemeinen nicht nötig. Haben die
Wurzeln den Topf bereits durchwachsen, so muß der Kunststoffbehälter aufgeschnitten werden. Bei ballierten Pflanzen
muß weder das Ballenleinen aus Jute noch eine vorhandene
Drahtballierung entfernt werden, da diese Stoffe im Boden
schnell verrotten beziehungsweise oxidieren. Sind die
Pflanzen mit Kunststoff-Ballenleinen (Balledur) balliert, so
muß dieses auf jeden Fall komplett enfernt werden. Sowohl
bei Containerpflanzen wie auch bei ballierten Pflanzen ist es
sehr wichtig, daß trockene Ballen vor dem Pflanzen gründlich
gewässert werden.

157

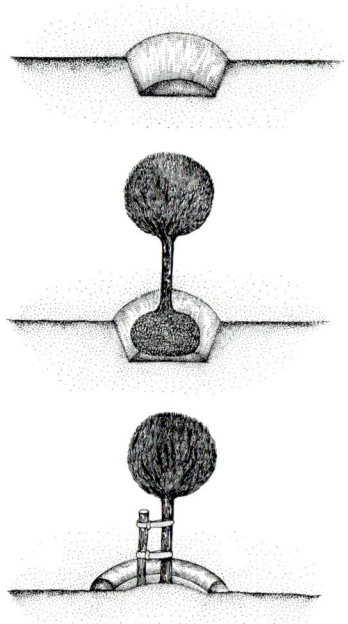

Danach kann die Pflanze in das Loch gesetzt werden und das Pflanzloch mit dem Aushub aufgefüllt werden. Die aufgefüllte Erde sollte dabei nur sanft mit den Füßen verdichtet werden, um den Boden dabei nicht zu sehr zu verdichten und der Pflanze das Anwachsen zu erleichtern. Die Oberseite des Ballens muß zumindest leicht von Erde bedeckt sein, damit der Ballen nicht austrocknet. Ist etwas zu flach gepflanzt worden, so kann der Ballen mit humoser Erde oder Mulchmaterial abgedeckt werden. Nach dem Einsetzen der Pflanzen sollte nach dem Pflanzen unbedingt noch einmal gewässert werden, um den Bodenschluß herzustellen.

Größere und insbesondere bizarr und asymmetrisch gewachsene Pflanzen müssen während der ersten Jahre durch einen Baumpfahl gestützt werden, damit sie bei stärkerem Wind nicht umwehen. Der Baumpfahl muß an der Seite der Hauptwindrichtung fest in dem Boden verankert werden. Das Gehölz wird dann mit einem ca. 10 cm breitem Juteband, welches das Einwachsen in den Stamm verhindert, an dem Pfahl festgebunden.

Für die Pflanzung wird ein Pflanzloch mit dem 1,5fachen Ballendurchmesser ausgehoben. Die Pflanze wird so eingesetzt, daß die Oberkante des Ballens nur knapp unter der Erdoberfläche liegt. Die Verknotungen des Ballens müssen gelöst werden. Mit einem Juteband wird der Stamm am Baumpfahl gesichert. Ein Gießrand erleichtert die Pflege und fördert das Anwachsen.

Checkliste für die Pflanzung
- Pflanzung möglichst im Frühjahr oder Herbst.
- Verdichtete Böden lockern und mit Sand und Humus mischen.
- Auswahl eines geeigneten Standorts für die Pflanze. Die Bedürfnisse der Pflanze haben dabei Vorrang vor gestalterischen Anforderungen.
- Ausheben eines Pflanzlochs (mindestens 1,5facher Ballendurchmesser).
- Nicht zu tief pflanzen.
- Frisch gepflanztes Gehölz mit Baumpfahl gegen Umkippen sichern.
- Gehölz bei trockener, warmer Witterung mit Schattiernetzen bis zum Anwachsen vor Austrocknung schützen.
- Gießrand anlegen.
- Regelmäßig wässern.

Behandlung der Gehölze nach dem Pflanzen

Die Monate nach dem Pflanzen bis zum Anwurzeln sind für die Pflanzen die schwierigste Phase. Die größte Gefahr geht von Schäden durch Wassermangel aus. Die Pflanzen transpirieren und verdunsten auch nach dem Verpflanzen erhebliche Mengen an Wasser, besitzen jedoch noch nicht genügend Wurzeln, um diese Wasserdefizite auszugleichen. Besonders immergrüne Gehölze wie zum Beispiel *Taxus* oder *Buxus* sind aufgrund ihrer großen Blattoberfläche zum Zeitpunkt der Pflanzung außerordentlich gefährdet. Vielen Gehölzen, die harte Blätter oder gar Nadeln haben, sieht man Wassermangel äußerlich erst an, wenn es im allgemeinen schon zu spät ist.

Die wichtigste vorbeugende Maßnahme gegen eine Austrocknung der Pflanze ist regelmäßiges Wässern. Einzelpflanzen können am bestem mit dem Schlauch bewässert werden. Damit das Gießwasser nicht oberflächig abfließt, empfiehlt es sich, um die Pflanze herum einen Gießrand anzulegen. Mit der Schaufel wird in angemessenem Abstand vom Stamm ein ca. 10 bis 20 cm hoher Wall aus Erde aufgeschüttet. Dieser verhindert das Abfließen des Wassers und sorgt dafür, daß das Gießwasser direkt an den Ballen gelangt.

Bei Flächenanpflanzungen von Gehölzen, wo die Anlage von Gießrändern schwierig ist, kann die Bewässerung durch Kreisregner erfolgen. Diese Art der Bewässerung hat gegenüber der Einzelbewässerung mit dem Schlauch den Vorteil, daß das Mikroklima durch die Beregnung entscheidend verbessert werden kann.

Wie auch beim vorübergehenden Einschlagen, so kann das Abdecken der Pflanzen mit Schattiernetzen wirksam die Transpirationsrate senken. Besonders sinnvoll ist dies nach dem Verpflanzen von immergrünen Gehölzen oder bei sommergrünen Gehölzen im belaubten Zustand. Die Netze können Schäden durch ungünstige Witterungsbedingungen nach dem Pflanzen wie intensive Sonneneinstrahlung oder anhaltende trockene Winde mildern. Die Netze schaffen im Bereich der Krone ein Mikroklima, das Temperaturschwankungen ausgleicht und die Luftfeuchtigkeit erhöht. Die Netze sollten mindestens zwei Monate bis zum Anwachsen auf der Pflanze verbleiben.

159

Geräte und Hilfsmittel

Auch bei der Gestaltung und Pflege von Formgehölzen benötigt man eine technische Mindestausrüstung. Die Investitionen für die Anschaffung von Geräten sind allerdings relativ gering. Jeder, der einen Garten besitzt, wird bereits über einen Großteil der benötigten Hilfsmittel und Geräte verfügen. Mit den nachfolgend aufgeführten Hilfsmitteln kann man alle Arbeiten bewältigen, die bei der Gestaltung und Pflege von Formgehölzen anfallen.

Manuelle Schneidegeräte

Hecken- und Kantenschere

Das wichtigste Gerät für den Schnitt von Formpflanzen ist und bleibt die Heckenschere. Vor allem bei feinen Rundungen und für die Gestaltung von exakten geometrischen Formen kann man mit der Heckenschere wesentlich genauer arbeiten als mit elektrischen Schneidegeräten. Da die Heckenschere ein sehr wichtiges und häufig benutztes Instrument ist, sollte man ein qualitativ hochwertiges Produkt auswählen. Die Schere muß gut in der Hand liegen und die Scherenblätter sollten im Anpreßdruck stufenlos verstellbar sein. Zum genauen Schnitt von Rundungen eignen sich am besten Scherenblätter mittlerer Länge (ca. 20 bis 23 cm).

Wer häufiger mit einer Heckenschere arbeitet, weiß, daß diese besonders bei holzigem Schnittmaterial relativ schnell stumpf werden. Stumpfe Scherenblätter rufen aber an Ästen und vor allem an weichen Blättern Quetschungen hervor. Man merkt dies beim

Kleine Formen wie diese Kugel aus japanischem Ilex lassen sich gut mit Scheren schneiden, die man sonst für das Schneiden von Rasen- kanten verwendet.

Arbeiten daran, daß die Schere zu „kauen" anfängt. An Ästen wirken sich diese Quetschungen wie Verletzungen aus und an Blättern rufen sie unschöne braune Flecken hervor. Ein regel- mäßiges Nachschleifen mit einer Feile oder einem speziellen Schleifstein ist die Voraussetzung für einen sauberen Schnitt.

Ein weiteres häufiges Problem, das besonders beim Schneiden von jungem oder harzhaltigem Blattmaterial auftritt, ist das Verkleben der Scherenblätter. Leider kann man dies nicht ganz verhindern. Abhilfe schafft auf jeden Fall regel- mäßiges Einreiben der Scherenblätter mit Pflanzenöl. Das Öl verhindert eine Zeitlang, daß das abgeschnittene Blattmaterial an der Schere haften bleibt und somit zum Verkleben der Scherenblätter führt.

Für sehr feine Formen oder für weiches Blattmaterial wie zum Beispiel der frische Austrieb von Buchsbaum kann man zum Schneiden auch die mit einer Hand zu bedienenden Kantenscheren benutzen, die man sonst gewöhnlich zum Schneiden von Rasenkanten verwendet. Bei längerem Gebrauch sind diese Geräte jedoch sehr ermüdend.

Gegenüberliegende Seite: Gärtner beim alljährlichen Pflegeschnitt an Zypressen in den Gärten der Alhambra in Granada, Spanien.

Astschere, Gartenschere und Baumsäge

Bei der Gestaltung von bizarren und außergewöhnlichen Wuchsformen ist es oft notwendig, ganze Äste abzuschneiden

161

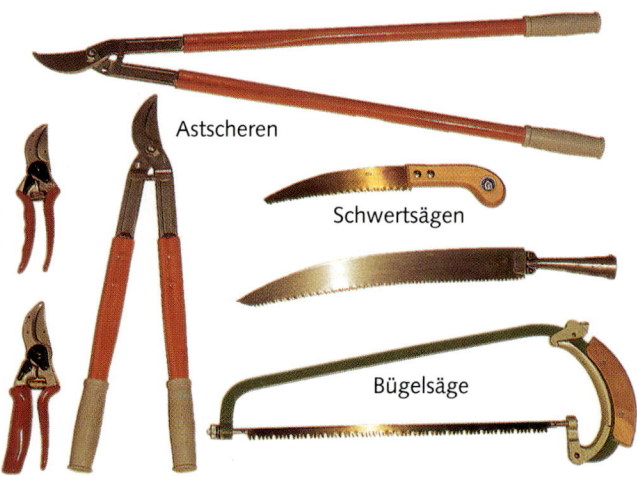

Astscheren

Schwertsägen

Bügelsäge

Links: Pflegeschnitt an einem Buchsbaumkegel mit der Heckenschere.
Rechts: Sägen und Scheren zum Schneiden von Ästen verschiedener Stärken.

oder abzusägen. Um Äste von bis zu 0,8 cm Stärke zu schneiden, bedient man sich am besten einer Gartenschere (Rosenschere). Dickere Äste kann man am schnellsten mit einer Astschere abschneiden. Ab und zu kann es vorkommen, daß man sehr kräftige Äste entfernen muß. Das Absägen dicker Äste geht am leichtesten mit einer Baumsäge vonstatten. Ein besonders akkurates Sägen ist mit den Sägen möglich, deren Sägeblätter leicht nach innen gebogen sind. Diese Sägen sind auch mit Teleskoparmen zum Schneiden höher gelegener Äste erhältlich. Die Sägezähne von Baumsägen sind sehr grob und setzen sich daher beim Sägen frischen Holzes nicht so leicht zu. Alle Säge- und Schneidewerkzeuge, die nicht regelmäßig benutzt werden, sollten nach jedem Gebrauch zum Schutz vor Rost leicht mit Pflanzenöl eingerieben werden.

Elektrische Schneidegeräte

Bei Hecken oder größeren Gehölzflächen lohnt sich der Einsatz von elektrischen Schneidegeräten. Diese einfach zu bedienenden Geräte sind in verschiedenen Ausführungen und Messerlängen erhältlich. Der große Vorteil dieser Geräte ist, daß man auch größere Flächen in relativ kurzer Zeit schneiden kann. Allerdings bringt auch der Gebrauch dieser Geräte Nachteile mit sich. Besonders Ungeübten fällt es schwer, eine genaue gerade Linie oder eine ebene Fläche hinzubekommen. Das relativ hohe Gewicht der Geräte führt schnell zur Ermüdung und damit zum Abwinkeln des Messers. Auch durch einen „Ausrutscher" bekommt man sehr schnell Unebenheiten in die zuvor noch ebene Gehölzoberfläche. Den richtigen Umgang mit den elektrischen Heckenscheren kann man jedoch durch etwas Übung sehr schnell erlernen.

Ein weiterer Nachteil gegenüber der herkömmlichen Heckenschere ist der nicht ganz so saubere Schnitt bei weichen Blättern. Gerade beim Schneiden des ersten, noch nicht ausgereiften Austriebs werden die Blätter und Triebe mehr abgerissen als abgeschnitten. Dies liegt vor allem daran, daß die Geräte zum Schneiden von Hecken konzipiert sind und somit sehr gut zum Schneiden von verholzten Ästen wie bei einer Buchenhecke geeignet sind. Aus diesem Grund benutzt man bei Formflächen oder Hecken, die aus relativ weichlaubigen Gehölzen wie zum Beispiel Buchsbaum bestehen, am besten die manuell zu bedienende Heckenschere.

Die Pflege der elektrischen Heckenschere
Hinweise zur Pflege der elektrischen Schneidegeräte findet man in den Bedienungsanleitungen des jeweiligen Geräts. Unbedingte Aufmerksamkeit sollte man wie auch bei den manuell zu

Tips zum Umgang mit der elektrischen Heckenschere
Bei waagerechter Haltung des Schneidemessers wird das Messer oft durch die Schnittabfälle verdeckt und man sieht nicht, wo man schneidet. Besser ist eine abgewinkelte Stellung des Messers zur Gehölzoberfläche in Schnittrichtung. So können die Schnittabfälle wie mit einem Kamm zusammengeschoben und entfernt werden. Besonders hilfreich ist diese Methode bei Gehölzflächen.

Besonders bei Hecken und Gehölzflächen bedeutet die elektrische Heckenschere eine enorme Arbeitserleichterung.

163

bedienenden Schneidegeräten den Schneideflächen widmen. Regelmäßiges Schärfen und Einreiben der Messer mit Pflanzenöl sorgen für ein langes Leben der Klingen sowie für einen akkuraten und präzisen Schnitt.

Pflanzbehälter

In Gartencentern und im Zubehörhandel ist ein vielfältiges Angebot an Pflanzbehältern vorhanden. Das Sortiment umfaßt Töpfe der verschiedensten Größen und Materialien.

Am häufigsten verwendet werden Pflanzbehälter aus Kunststoff, Holz und vor allem aus gebranntem Ton als Terrakotta. Darüber hinaus werden auch Behälter aus Beton und Stein angeboten. Diese sind aufgrund des hohen Gewichtes jedoch nur schwer zu handhaben und finden daher in Gärten recht selten Verwendung.

Pflanzbehälter aus Kunststoff
Kunststoffbehälter haben gegenüber allen anderen Töpfen den Vorteil, daß sie vergleichsweise leicht und relativ preisgünstig sind. Außerdem sind Kunststoffbehälter in den verschiedensten Größen von 0,5 bis hin zu 1000 l Volumen lieferbar. Kunststoffbehälter bieten sich wegen des geringen Gewichts also vor allem bei Pflanzen an, die oft bewegt werden müssen. Der große Nachteil von Kunststoffcontainern ist jedoch, daß diese mit der Zeit durch die UV-Strahlung altern und unansehnlich werden. Obwohl moderne Kunststoffe bereits eine sehr gute UV-Stabilität aufweisen, ist Kunststoff als Material für einen permanenten Standort der Pflanze also nicht unbedingt zu empfehlen. Auch wirken Behälter aus Naturmaterialien wie Holz oder Ton natürlicher und fügen sich als Teil des Gartens harmonischer ein.

Pflanzbehälter aus Holz
Traditionell werden häufig Behälter aus Holz benutzt. Holz eignet sich sehr gut als Material für Pflanzbehälter, da es gut isoliert und somit vor Hitze und Kälte schützt. Nachteilig ist, daß das Holz je nach Pflege nach einer gewissen Zeit verrottet.

Diese Behälter sind in der Anschaffung relativ teuer, können aber leicht in Eigenarbeit hergestellt werden. Für die Behälter sollte nur hochdruckimprägniertes Holz verwendet werden, welches nicht so schnell verrottet. Eine anschließende Imprägnierung mit einem Holzschutzmittel darf nur mit einem lösungsmittelarmen Produkt vorgenommen werden, damit die Wurzeln nicht durch die Ausdünstungen geschädigt werden. Die Lebensdauer eines Holzbehälters kann entscheidend verlängert werden, indem man den Behälter mit Füßen versieht. Dadurch wird der Kontakt zum Boden unterbrochen und die Verrottung an der besonders gefährdeten Unterseite verhindert.

Pflanzbehälter aus Ton

Ebenfalls recht teuer in der Anschaffung, aber dafür ganz besonders attraktiv, sind Terrakotten aus gebranntem Ton. Die Terrakottagefäße verleihen dem Garten ein mediterranes Flair und unterstützen die bestechende Wirkung der Formgehölze. Gefäße aus Terrakotta schützen die Wurzeln der Pflanzen sehr gut vor Temperaturschwankungen und sind darüber hinaus luft- und wasserdurchlässig. Die Durchlässigkeit hat allerdings zur

---

Kriterien für die Auswahl eines Pflanzbehälters

Bei der Auswahl eines passenden Gefäßes muß man außer der Optik einige wichtige Punkte beachten. Die Behälter sind, sofern sie sich das ganze Jahr über draußen befinden, hohen Belastungen durch UV-Strahlung, Temperaturschwankungen und Winterfröste ausgesetzt. Wetterfestigkeit ist die wichtigste Eiegenschaft eines Pflanzcontainers.

Pflanzen in Töpfen reagieren empfindlicher auf Kälte, da die Wurzeln im Topf von allen Seiten dem Frost ausgesetzt sind. Kälteempfindliche Pflanzen müssen im Winter also an einen geschützten Platz gebracht werden. In diesem Fall darf der Pflanzbehälter jedoch nicht zu schwer sein, um den Transport zu ermöglichen. Will man alljährliches Umtopfen vermeiden, was vor allem bei größeren Pflanzen mühselig ist, so sollte man den Topf von vornherein ausreichend groß auswählen. Ein großer Behälter schützt zudem noch vor schädlichen Temperaturschwankungen im Topf.

Terrakotten sind die idealen Gefäße für Formgehölze und unterstreichen die Wirkung der Formpflanze durch ihre warmen Farben und schlichten Formen.

Folge, daß das Substrat in diesen Gefäßen wesentlich schneller austrocknet als in anderen Pflanzbehältern wie zum Beispiel aus Kunststoff. Die Pflanzen in Tongefäßen müssen daher regelmäßig gewässert werden. Besonders gefährdet sind Tongefäße in der kalten Jahreszeit, speziell im Winter, da sie durch die in den Ton eingedrungene Feuchtigkeit bei starkem Frost leicht Risse bekommen. Am besten werden Terrakotten an einem frostgeschützten Ort überwintert. Kleinere Schäden kann man reparieren, indem man den Riß mit Draht „näht". Dazu bohrt man mit einem dünnen Bohrer an beiden Seiten des Risses in Abständen von 2 bis 4 cm eine ausreichende Anzahl an Löchern und verbindet diese mit einem festen Draht.

Stäbe, Draht und Bänder

Beim Gestalten von bizarren Formen benötigt man oft Hilfsmittel, um Äste in eine bestimmte Position zu bringen. Am
einfachsten geht dies mit Bambusstäben, Draht sowie Klebeband oder Juteband. Die Bambusstäbe sollten, je nach zu erwar-
tender Belastung, eine Stärke von 0,5 bis 1 cm haben. Zum
Befestigen der Bambusstäbe an den Ästen bietet sich breites,
gewebeverstärktes Klebeband an, welches in Baumärkten erhältlich ist. Man kann die Stäbe natürlich auch mit Juteband oder
anderem Bindematerial an den Ästen befestigen. Wichtig ist
jedoch, daß das Band ausreichend breit gewählt wird, um ein
Einwachsen zu verhindern. Das Positionieren von Ästen wie
zum Beispiel bei Spaliergehölzen geht am einfachsten mit
dünnem, verzinktem oder kunstoffummanteltem Draht. In der
Praxis hat sich Draht als Befestigung am besten bewährt, da
dieser den dauerhaften Zugbelastungen bei freistehenden
Gehölzen am besten standhält und zugleich nur wenig auffällt.
Bei der Verwendung von Draht zum Positionieren von Ästen
muß unbedingt darauf geachtet werden, daß dieser nicht in den
Ast einschneidet. Das Einschneiden läßt sich durch das Um-
wickeln der Äste durch mehrere Lagen Jute oder Klebeband
weitestgehend vermeiden. Alternativ können auch reißfeste
Bänder zum Abspannen der Äste verwendet werden. Auf
keinen Fall sollte man die Zugbelastungen unterschätzen, die
insbesondere bei starkem Wind auf die Bänder beziehungsweise
Drähte ausgeübt werden.

*Nachfolgende Seite:
Hecken aus blühenden Ge-
hölzen, hier eine Hecke aus
Zierapfel in der Baumschule,
sind zur Blütezeit an Attraktivität kaum zu überbieten.*

167

Übersicht über formbare Gehölze

Übersicht über in Mitteleuropa winterharte formbare Gehölze

Botanischer Name Deutscher Name	Schnitt- verträg- lichkeit	Eignung	Winter- härte	Blüte Blütezeit	Bemerkung
Acer campestre * (Feldahorn)	+	Hecken, Spaliere Baumhecken	++	unscheinbar	laubabwerfend sehr kleinblättrig
Amelanchier lamarckii 'Ballerina' (Aufrechte Felsenbirne)	+	Hecken	++	weiß IV – V	Vogelnährgehölz
Berberis thunbergii (Berberitze)	+	Hecken	++	unscheinbar	
Buxus sempervirens * var. *arborescens* (!) u. a. (Buchsbaum)	++	geometrische Formen Gehölzflächen niedrige Hecken	++	unscheinbar	immergrün
Carpinus betulus *(!) (Hain- oder Weißbuche)	++	Hecken, Spaliere bizarre Wuchsformen Baumhecken	++	unscheinbar	anspruchslos
Chamaecyparis lawsoniana (Scheinzypresse)	O	Hecken	+	unscheinbar	
Cornus mas * (Kornelkirsche)	O	Hecken geometrische Formen	++	weiß III - IV	Frühlingsblüher
Cotoneaster (in Arten und Sorten) (Mispel)	+	Flächen	++	weiß V - VI	Fruchtschmuck immergrün
Crataegus monogyna * *C. laevigata* 'Paul's Scarlet' (Weißdorn/Rotdorn)	+	Hecken, Baumhecken bizarre Wuchsformen geometrische Formen	++	weiß V - IV	sehr attraktiv laubabwerfend anspruchslos
Eleagnus angustifolia (Schmalblättrige Ölweide)	+	Hecken	O	silbrig-gelb VI	
Euonymus yedoensis (Pfaffenhütchen, Spindelstrauch)	++	geometrische Formen	+	unscheinbar	auffällige rote Früchte
Fagus sylvatica * (Rot-Buche)	+	Hecken Baumhecken	++	unscheinbar	klassische Heckenpflanze

*	= einheimisches Gehölz	+	= gut
!	= besonders empfeh- lenswert	O	= befriedigend
		–	= ausreichend
++	= sehr gut	- -	= ungenügend

Römische Ziffern
bezeichnen die Blütezeit

169

Botanischer Name Deutscher Name	Schnitt-verträg-lichkeit	Eignung	Winter-härte	Blüte Blütezeit	Bemerkung
Fraxinus excelsior * 'Pendula' (Trauer-Esche)	O	bizarre Wuchsformen	++	unscheinbar	von Natur aus bizarrer Wuchs
Hydrangea petiolaris (Kletter-Hortensie)	++	geometrische Formen	++	weiß VI - VII	klettert: Gerüst erforderlich
Ilex aquifolium * in Sorten (Ilex, Stechpalme)	O	geometrische Formen Hecken	++	weiß V	auffällige rote Früchte
Ilex crenata 'Rotundifolia', *I. crenata* 'Stokes', *I. crenata* 'Green Lustre' (!) (Jap. Stechpalme)	++	Flächen geometrische Formen	++	unscheinbar	bildet sehr dichte Oberflächen
Ilex meservae (Buschige Stechpalme)	++	geometrische Formen Hecken	++	unscheinbar	auffällige, tiefrote Früchte
Juniperus communis * (Gemeiner Wacholder)	+	Hecken geometrische Formen	++	unscheinbar	besonders ältere Exemplare sehr gut geeignet
Larix decidua *, *L. kaempferi* (Europäische und Japanische Lärche)	O	Hecken	++	unscheinbar	laubabwerfend
Ligustrum vulgare 'Atrovirens' (Liguster)	O	Heckenpflanze Flächen geometrische Formen	++	unscheinbar	schattenverträglich
Lonicera nitida (Immergrüne Heckenkirsche)	+	Hecken	+	unscheinbar	für niedrige Parterrehecken
Malus 'Tina' *M.* 'Evereste' (Zierapfel)	+	Hecken geometrische Formen	+	weiß V - VI	mehltauresistent schöne Blüte Fruchtschmuck
M. sylvestris * (Wildapfel)	+	bizarre Formen	++	rosa/weiß IV - V	langsamwüchsig

* = einheimisches Gehölz	+ = gut	Römische Ziffern
! = besonders empfeh-lenswert	O = befriedigend	bezeichnen die Blütezeit
	− = ausreichend	
++ = sehr gut	- - = ungenügend	

170

Übersicht über in Mitteleuropa winterharte formbare Gehölze

Botanischer Name Deutscher Name	Schnitt-verträg-lichkeit	Eignung	Winter-härte	Blüte Blütezeit	Bemerkung
Pinus contorta (Drehkiefer)	O	bizarre Formen	**	unscheinbar	elastisch
Pinus mugo (!)* (Latschenkiefer, Bergkiefer)	O	bizarre Formen Hecken	++	unscheinbar	elastische Zweige (kein Schneebruch)
Pinus parviflora (Mädchenkiefer)	O	bizarre Formen	++	unscheinbar	silbrig-blaugrüne Laubfärbung
Platanus × acerifolia (Platane)	+	Baumhecken Baumwände	+	unscheinbar	attraktive, abblätternde Rinde
Prunus laurocerasus in Sorten (Kirschlorbeer)	+	geometrische Formen Hecken	O	weiß V - VI	immergrünes, glänzendes Laub
*Prunus spinosa** (Schlehe)		geometrische Formen Hecken	++	weiß IV - V	Fruchtschmuck
*Rhamnus catharicus** (Kreuzdorn) *R. frangula**(=*Frangula alnus*) (Faulbaum)	+	geometrische Formen Hecken	++	unscheinbar V - VI	laubabwerfend anspruchslos
Rhododendron 'Diamant'	–	Flächen	+	weiß, rosa, rot V - VI	intensive Blüte
Rhododendron 'Kermesina'	–	Flächen	+	rosa V - VI	intensive Blüte als Sorte 'Alba' auch in weiß
*R. ferrugineum**(Alpenrose)	O	Flächen	+	weiß-violett V - VI	sehr intensive Blüte
*Ribes alpinum** (Alpen-Johannisbeere)	+	Hecken	O	unscheinbar	schattenliebend

* = einheimisches Gehölz	+ = gut	Römische Ziffern bezeichnen die Blütezeit
! = besonders empfeh- lenswert	O = befriedigend	
	– = ausreichend	
++ = sehr gut	- - = ungenügend	

Botanischer Name Deutscher Name	Schnitt- verträg- lichkeit	Eignung	Winter- härte	Blüte Blütezeit	Bemerkung
Taxus baccata* (Eibe) (!)	++	geometrische Formen Hecken Gehölzflächen	++	unscheinbar	klass. Formgehölz sehr schönes dunkel- grünes Laub, immer- grün, giftig, Frucht- schmuck
Thuja occidentalis (Lebensbaum)	+	Hecken	++	unscheinbar	
Tilia cordata* (Winter-Linde)	+	Hecken, Spaliere, Baum- hecken, große geometr. Formen, Baumwände	++	gelblich VII	intensiver Blüten- duft, anspruchslos
Tsuga canadensis, T. hetero- phylla (Hemlocktanne)	+	Hecken	++	unscheinbar	läßt sich wie *Thuja* bearbeiten
Viburnum farreri (syn. *V. fra- grans*) (Schneeball)	++	Hecken	+	weiß XI - II	schöne Blüte, star- ker Duft, blüht im Winter
Viburnum bodnantense 'Dawn'* (Schneeball)	++	geometrische Formen Hecken	+	rosa XI - II	schöne Blüte, star- ker Duft, blüht im Winter

Schirmförmig gestaltete und mehrstämmig gezogene Wald-kiefer (Pinus sylvestris 'Watereri').

*	= einheimisches Gehölz	+	= gut	Römische Ziffern
!	= besonders empfeh- lenswert	O	= befriedigend	bezeichnen die Blütezeit
++	= sehr gut	−	= ausreichend	
		- -	= ungenügend	

Links: Hecke aus Rhododendron 'Cunningham's White' zur Blütezeit im Mai.

Unten: Waldkiefer (Pinus sylvestris 'Watererı') als bizarr gestalteter Groß-Bonsai.

Botanischer Name Deutscher Name	Schnitt- verträg- lichkeit	Eignung	Winter- härte	Blüte Blütezeit	Bemerkung
Citrus sp. (Zitrus)	++	Hochstamm Kugeln, Kegel	–	weiß	eßbare Früchte, duftende Blüten
Cupressus sempervirens (Italienische Zypresse)	+	geometrische Formen	–	unscheinbar	
Lantana camara (Wandelröschen)	+	Kugeln, Kegel	–	gelb-rot, rosa	üppige Blüte
Laurus nobilis (Lorbeer)	+	geometrische Formen Hochstämme	- -	gelb VII-VII	Gewürzpflanze
Myrtus communis (Myrte)	+	Kugeln, Kegel	–	weiß VII-VIII	
Nerium oleander (Oleander)	+	Hochstämme Kugeln, Kegel	–	weiß, rosa, rot	
Osmanthus sp. alle Arten und Formen (Duftblüte)	+	geometrische Formen	–	weiß IV - VI	duftende Blüten
Pittosporum tenuifolium, *P. crassifolium* (Klebsame)	O	geometrische Formen	–	creme-weiß, gelb IV - VI	duftende Blüten
Phillyrea angustifolia (Steinlinde)	+	geometrische Formen	–	weiß V - VII	leicht formbar
Plumbago auriculata (Bleiwurz)	+	Kugeln, Kegel	–	blau VI - VII	
Rosmarinus officinalis (Rosmarin)	+	geometrische Formen	O	violett IV - VI	Gewürzpflanze
Santolina chamaecyparissus (Heiligenkraut)	O	geometrische Formen	–	gelb VII-VIII	
Teucrium chamaedrys (Edelgamander)	+	geometrische Formen	–	violett VII - VIII	nur als Kübel- pflanze

* = einheimisches Gehölz
! = besonders empfeh- lenswert
++ = sehr gut

+ = gut
O = befriedigend
– = ausreichend
- - = ungenügend

Römische Ziffern bezeichnen die Blütezeit

174

Verzeichnisse

Ausgewählte sehenswerte Beispiel-gärten mit Formpflanzen
(nach Laird 1994)

Gärten in Deutschland

Augustusburg, Brühl
Parterregarten, der von Dominique Girard 1728 für den Kurfür-sten und Fürstbischof angelegt wurde. Jeweils nach den Welt-kriegen restauriert.
Besitzer: Land Nordrhein-Westfalen. Tel.: 02232/42471.
Geöffnet täglich von Sonnenaufgang bis Sonnenuntergang.

Groß-Sedlitz, Heidenau bei Dresden
Prächtiger Barockgarten August des Starken, der auch die Gär-ten des Dresdner Zwingers und von Pillnitz anlegen ließ.
Besitzer: Verwaltung der Schlösser und Gärten des Landes Sachsen. Tel.: 03529/79212.
Geöffnet täglich von Sonnenaufgang bis Sonnenuntergang.

Herrenhausen (Großer Garten), Hannover
Die 1665 begonnene Anlage wurde in den folgenden Jahrzehn-ten ständig erweitert. Die Anlage ist an französischen und holländischen Vorbildern orientiert. Obwohl von der ursprüngli-chen Struktur noch viel erhalten ist, sind von der ehemaligen Bepflanzung nur noch Teile erhalten.
Besitzer: Städtische Verwaltung der Herrenhäuser Gärten.
Geöffnet täglich von 8 Uhr bis Sonnenuntergang.

Hortus Palatinus (Schloßgarten), Heidelberg
1614 bis 1619 von Salomon de Caus entworfene Gartenanlage für Friedrich V. Der Garten enthält Stilelemente aus ganz Euro-

175

pa wie zum Beispiel italienische Terrassen, englische Knoten-
beete und französische Broderien.
Besitzer: Land Baden-Württemberg.
Geöffnet: Ganzjährig.

Klein-Glienicke (Park), Berlin
Nicht-formaler Garten aus dem Jahr 1816, der auch mit formalen
Elementen ausgestattet ist. Bemerkenswert sind die runden Blu-
menbeete. Im Zustand von 1840 restauriert.
Besitzer: Schloßverwaltung Schloß Glienicke. Tel.: 030/8053041.
Geöffnet täglich von Sonnenaufgang bis Sonnenuntergang.

Kleve, Nordrhein-Westfalen
Augedehnte Gartenlandschaft mit Amphitheater von Johann
Moritz von Nassau-Siegen. Im 19. Jahrhundert in einen Land-
schaftspark umgewandelt. Beachtenswert die Fontana Miranda,
eine Schauwand über die Wunder der Natur.
Besitzer: Stadtverwaltung Kleve. Tel.: 02821/84267.
Geöffnet: Täglich.

Nymphenburg (Schloßpark), München
Schloß und Gärten stammen aus dem 17. Jahrhundert. Kunst-
volle barocke Parterregärten mit zahlreichen Blumenrabatten.
Zwischen 1804 und 1832 durch F. L. von Sckell zum Land-
schaftsgarten umgestaltet.
Besitzer: Bayrische Verwaltung der Schlösser, Gärten und Seen.
Geöffnet täglich von Sonnenaufgang bis Sonnenuntergang.

Sanssouci (Lustgarten), Berlin
Kunstvoller Garten Friedrich des Großen. 1744 bis 1764 als Teil
des Wildparks, der auch die Marmorkolonnade und das
Chinesische Teehaus aufnahm, entstanden. Im Jahr 1826
wurde der Park Charlottenhof angegliedert.
Besitzer: Stiftung Schlösser und Gärten, Potsdam-Sanssouci.
Tel.: 0331/23819.
Geöffnet täglich von 6 Uhr bis Sonnenuntergang.

Schleißheim (Hofgarten), bei München
Schleißheim gilt als eine der bedeutendsten barocken Anlagen
Deutschlands. Die Gärten wurden zur Zeit des Kurfürsten Max

Emanuel von Dominique Girard in den Jahren 1715 bis 1717 angelegt. Die Anlage erstreckt sich zwischen dem Jagdschloß Lustheim und dem Neuen Schloß.
Besitzer: Bayrische Verwaltung der Schlösser, Gärten und Seen.
Geöffnet täglich von 8 Uhr bis Sonnenuntergang.

Schwetzingen (Schloßgarten)
Von 1750 bis 1770 als formaler Garten angelegt, wurde der Garten danach in einen Landschaftsgarten umgewandelt. Ab 1970 restauriert.
Besitzer: Land Baden-Württemberg. Tel.: 06202/81481.
Geöffnet täglich von 8 Uhr bis Sonnenuntergang im Sommer und von 9 Uhr bis Sonnenuntergang im Winter.

Veitshöchheim (Hofgarten), bei Würzburg
Der Garten geht auf einen Entwurf von 1702/03 für Fürstbischof Johann Philipp von Greiffenklau zurück. Seit dem 19. Jahrhundert ist die Bepflanzung immer wieder verändert worden.
Besitzer: Bayrische Verwaltung der Schlösser, Gärten und Seen.
Geöffnet täglich von 7 Uhr bis Sonnenuntergang.

Wilhelmshöhe (Bergpark), Kassel
Gut erhaltener Park mit formalen und nicht-formalen Elementen. Sehenswert auch die Kaskaden und der römische Aquädukt.
Besitzer: Land Hessen, Gartenverwaltung Wilhelmshöhe.
Tel.: 0561/32280.
Geöffnet täglich von Sonnenaufgang bis Sonnenuntergang.

Gärten in Großbritannien

Blickling Hall, Aylsham, Norfolk
Formaler Garten aus dem 19. Jahrhundert. Besonders eindrucksvoll sind die Eibenhecken vor der Südfront des Hauses.
Besitzer: The National Trust. Tel.: Aylsham 733084.
Geöffnet vom 30.3. bis 27.10. Di, Mi, Fr, Sa, So und Bank Holidays von 12 bis 17 Uhr.

Chatsworth bei Bakewell, Derbyshire
Der Park wurde in dem Zeitraum von 1685 bis 1703 für den
1. Herzog von Devonshire angelegt und seitdem häufig umge-
staltet. Der Garten ist bekannt für seine Pflanzensäulen und
Serpentinenhecken aus Buchen.
Besitzer: Chatsworth House Trust. Tel.: 0246/582204.
Geöffnet vom 24. März bis 3. November täglich von 10 Uhr bis
16.30 Uhr.

Elvaston Castle Country Park, bei Derby
Große Gartenanlage mit vielen geformten Pflanzenfiguren und
geometrischen Formen.

Hampton Court Palace, Hampton Court, bei London
Komplexe Gartenanlage aus der Zeit Heinrich VIII. Viele Form-
bäume aus Eibe und Ilex sowie Knotenhecken.
Besitzer: Historic Royal Palaces. Tel.: 081/9778441.
Geöffnet täglich bis Sonnenuntergang, spätestens bis 21 Uhr.

Hidcote Manor Garden bei Kickleton, Gloucestershire
Im Jahre 1907 angelegter Garten mit traditioneller formaler
Gartengestaltung und Kompartimentierung durch Hecken.
Neben geformten Hecken sind viele außergewöhnlich geformte
Pflanzen wie zum Beispiel Tierfiguren aus Eibe und Buchsbaum
zu bewundern.
Besitzer: The National Trust. Tel.: 0386/438333.
Geöffnet von April bis Oktober täglich (außer Di und Fr) von
11 Uhr bis 20 Uhr.

Levens Hall, Kendal, Cumbria
Ab 1689 angelegter formaler Garten, der im frühen 19. Jahr-
hundert neu bepflanzt wurde. Der Garten ist bekannt für seine
Formhecken und die Figuren aus Buchsbaum.
Besitzer: Mr. C. H. Bagot. Tel.: 05395/60321.
Geöffnet von Ostersonntag bis zum 30. September täglich
(außer Fr und Sa) von 11 bis 17 Uhr.

Powis Castle, Welshpool, Powis
Interessante Gartenanlage mit Terrassen und Parterregärten.
Viele alte und sehr große Eibenkugeln und -pyramiden.

Besitzer: The National Trust.
Geöffnet vom 28. März bis 30. Juni täglich (außer Mo und Di),
vom 1. Juli bis 31. August täglich (außer Mo), vom 1. September bis 3. November täglich (außer Mo und Di) von 12 Uhr bis
Sonnenuntergang.

Gärten in Frankreich

Chenonceaux (Château de), bei Tours, Centre
Aus der Mitte des 16. Jahrhunderts stammender Renaissance-
garten mit Parterrehecken, geometrisch geformten Eiben und
Buchsbaum sowie ein Labyrinth.
Besitzer: Familie Menier. Tel.: 47239007.
Geöffnet täglich in Verbindung mit der Besichtigung des Schlos-
ses: Vom 16. März bis zum 15. September von 9 bis 19 Uhr. Im
Winter von 9 Uhr bis Sonnenuntergang.

Vaux-le-Vicomte (Château de), Maincy, Ile-de-France
Die Gartenanlage wurde während der Regierungszeit Ludwig
XIV. angelegt. Im 19. Jahrhundert restauriert. Der Garten enthält sehr schöne Eiben- und Buchsbaumparterres sowie zahlreiche Eibenkugeln- und kegel.
Besitzer: Comte de Vogué. Tel.: 160 66 97 09.
Geöffnet vom 1. April bis 31. Oktober von 10 bis 18 Uhr, vom
1. November bis 31. März von 11 bis 17 Uhr (nicht am 25. De-
zember).

Versailles (Château de), Versailles
Großartige Barockgärten am Schloß Versailles, die im Zeitraum
von 1660 bis 1700 angelegt wurden. Typisch sind die groß-
flächigen Parterregärten, die Labyrinthe und die Wasserspiele.
Besitzer: Der französische Staat.
Geöffnet täglich von 7 Uhr bis Sonnenuntergang.

Villandry (Château de), Centre
Interessante Neuschöpfung eines französischen Renaissance-
gartens. Die Bepflanzung ist sehr gut erhalten. Beachtenswert
sind die Buchsbaumhecken, die oft Blumenrabatten einschließen.

179

Besitzer: M. Robert Caravallo. Tel.: 47500209.
Geöffnet von 8.30 bis 20 Uhr im Sommer und von 9 Uhr bis
Sonnenuntergang im Winter.

Gärten in Italien

Villa Farnese, Caprarola
Renaissancegarten aus dem Jahre 1620, dessen Casinogarten
schön geformte Hecken enthält, die in die Architektur einge-
bunden sind.
Besitzer: Der italienische Staat.
Geöffnet täglich (außer Mo) von 9 Uhr bis 16 Uhr.

Villa Lante, Bagnaia
Renaissancegarten, der als einer der Höhepunkte italienischer
Gartenkunst gilt. Sehenswert sind die Buchsbaumornamente
und die geometrisch angeordneten Hecken.
Besitzer: Der italiensche Staat.
Geöffnet täglich außer Montag von 9 Uhr bis Sonnenuntergang.

Villa Marlia (Villa Reale), bei Lucca
Großartiger Garten aus dem späten 17. Jahrhundert der Familie
Orsetti. Gartentheater.
Besitzer: Conte Pecci Blunt.
Geöffnet täglich außer Montag im Rahmen der Führungen.
Führungen: 10 Uhr, 11 Uhr, 16 Uhr, 17 Uhr und 18 Uhr
(Sommer); 10 Uhr, 11 Uhr, 14 Uhr, 15 Uhr und 16 Uhr
(Winter).

Villa Medici, Castello, Toscana
Italienischer Renaissancegarten aus der zweiten Hälfte des 16.
Jahrhunderts mit vielen formalen Elementen. Orangerie und
Brunnen.
Besitzer: Der italienische Staat.
Geöffnet täglich außer Montag von 9 bis 18.30 Uhr (Sommer)
und von 9 bis 16.30 (Winter).

Bezugsquellen

Rudolf Schachtrupp KG
Friesenweg 4
22763 Hamburg
Bambusrohr und Tonkinstäbe

Felco Scheren
Sonnenleite 3
82327 Tutzing
Gartenscheren

Firma Christiane
Schillerplatz
70173 Stuttgart
Frostresistente Terrakotta-
gefäße

Garten von Ehren
Maldfeldstraße 4
21077 Hamburg
Formpflanzen

Hermann Meyer
Halstenbeker Weg
25454 Rellingen
Gärtnereibedarf: Pflanz-
container aus Kunstoff,
Schattiernetze, Schneide-
geräte, Düngemittel, Stäbe

Krome GmbH
Postf. 1427
37504 Osterode/Harz
Pflanzenkübel (Holz)

Raiffeisen Warengenossen-
schaften
Schattiernetze, Schneide-
geräte, Düngemittel, Pflanzenschutzmittel, Stäbe, Töpfe

Rovero
Tersteegenstr. 29
47441 Moers
Schattiergewebe

Fa. Wunderlich
Postf. 1767
37520 Osterode
Schattiernetze

Ziegl[trum
Baldhamerstr. 15
85588 Vaterstetten
Mediterrane Pflanzen

181

Literatur

Beltz, H. (1987): Gehölzschnitt. Fördergemeinschaft "Grün ist Leben" Baumschulen mbH, Pinneberg.

Heuerding, E. (1994): Nilabwärts...die Kultur geschnittener Bäume. Anthos 3: 28-31.

Mader, G. und Neubert-Mader, L. (1992): Der architektonische Garten in England. Deutsche Verlagsanstalt, Stuttgart.

Krekeler, H. (1981): Bonsai-Praxis. Horst Krekeler, Edingen-Neckarhausen.

Krüssmann, G. (1981): Die Baumschule. 5. Aufl., Verlag Paul Parey, Hamburg und Berlin.

Laird, M. (1994): Der formale Garten. Deutsche Verlagsanstalt, Stuttgart.

Seike, K., Kudo, M. und Schmidt, W. (1983): Japanische Gärten und Gartenteile. Verlag Eugen Ulmer , Stuttgart.

Scharschmidt-Richter (1980): Der japanische Garten. 2. Aufl. Edition Popp, Würzburg.

Shigo, A. L. (1990): Die neue Baumbiologie. Verlag Bernhard Thalacker, Braunschweig.

Gegenüberliegende Seite: Die Formensprache von Architektur und Bepflanzung ergänzen sich zu einem stimmigen Gesamtkunstwerk (Kloster Jéronimos in Lissabon).

183

Glossar

Astkragen
Gewebewulst unterhalb und seitlich des Astansatzes an dem Übergang vom Ast in den Stamm.

Astrindenleiste
Rindenwulst in der Astgabel, der von den Geweben des Astes und des Stamms gebildet werden. Die Astrindenleiste ist als Orientierungshilfe beim richtigen Abschneiden von Ästen behilflich.

Ballen
Wurzelbereich der Pflanze, der zusammen mit dem Substrat beim Verkauf an der Pflanze verbleibt.

Baumhecken
Großhecken aus geschnittenen Bäumen.

Bonsai
Japanische Kunstform, bei der durch besondere Behandlung (Beschneiden, Drahten) 15 bis 80 cm hohe Zwergformen von Bäumen gestaltet werden.

Container
Gärtnerischer Begriff für alle Pflanzbehälter.

Depotdünger
Kunststoffummantelte Düngerkügelchen, die die Nährstoffe über einen mehrmonatigen Zeitraum langsam freisetzen und Überdüngung verhindern.

Fadenwürmer (Nematoden)
Mit fast 15000 Arten weltweit verbreitete Klasse der 0,1 bis 1 mm langen Schlauchwürmer. Kommen im Boden freilebend vor. Viele Arten rufen an Pflanzen und Tieren Krankheiten hervor.

Gestaltungsschnitt
Schnittechnik, durch die eine Pflanze zu einer bestimmten
Form gestaltet wird.

Habitus
Gesamterscheinungsbild eines Gehölzes.

Hecke
Eine Hecke ist eine Reihe geschnittener oder ungeschnittener,
gleichartiger Pflanzen. Hecken dienen als Grundstücksbegren-
zungen sowie als Sicht-, Lärm-, Wind-, Staub- und Vogelschutz.

Heister
Baumartig wachsende Gehölze ohne ausgebildete Kronen. Werden häufig als Hecken gepflanzt.

Herbizid
Pflanzenschutzmittel zur Bekämpfung von Wildkräutern.

Hochstamm
Baumartig herangezogene Gehölze, die in Stamm und Krone
gegliedert sind.

Koniferen
Weltweit verbreitete Unterklasse der Nacktsamer, vor allem
aber auf der Nordhalbkugel. Reich verzweigte, harzreiche Bäume mit schuppen- oder nadelförmigen Blättern. Früchte in ver-
schiedengestaltigen Zapfen.

Mikroklima
Klima im unmittelbaren Bereich der Pflanze. Das Mikroklima
wird durch Faktoren wie Standort, Wind und Verdunstungsrate
beeinflußt und hat wesentliche Auswirkungen auf das Wohlbe-
finden der Pflanze.

Mulchen
Abdecken des Erdbodens mit Mulchmaterial zur Vermeidung
von Wildkrautwuchs und zur Bodenverbesserung.

Nützlingsschonung

Schutz derjenigen Tiere, die sich als Räuber von Schadinsekten ernähren. Zu den bekannten Nützlingen gehören Schlupfwespen, Vögel, Igel und auch einige Bakterienarten.

Pestizid

Chemisches Mittel zur Vernichtung von pflanzlichen und tierischen Schädlingen aller Art.

Pflegeschnitt

Schnittechnik, die regelmäßig angewendet wird, um eine bestimmte Pflanzenform zu erhalten.

Reitertriebe (Wasserreiser)

Kräftige Jahrestriebe, die auf innere Störungen in der Pflanze zurückgehen und das Aussehen der Pflanze negativ beeinflussen.

Rindenmulch

Gemahlene Nadelholzrinde als Abdeckmaterial für Beete und Wege. Verbessert die Bodenatmung, verhindert Bodenstrukturschäden und erhält die Bodenfeuchtigkeit.

Staunässe

Sich über längere Zeit stauende Nässe im Wurzelbereich vermindert die lebenswichtige Bodenluft und kann zum Absterben der Wurzeln führen.

Terrakotta

(ital.: gebrannte Erde) Bezeichnung für Behälter aus gebranntem, unglasiertem Ton.

Transpiration

Bei Pflanzen die physikalische und physiologische Abgabe von Wasserdampf über die oberirdischen Organe.

Varietät

Systematische Kategorie, die eine erblich bedingte Abweichung von der Art beschreibt. Die Varietät steht systematisch unterhalb der Unterart.

Vegetationsruhe
Zeit des Jahres, in der die Pflanzen im Gegensatz zur Vegetationsperiode aufgrund von Kälte oder Trockenheit photosynthetisch inaktiv sind.

Vegetatives Wachstum
Wachstum aller der Pflanzenorgane, die nicht für die Fortpflanzung der Pflanzen gebildet werden (z. B. Blätter, Sproß, Wurzel).

Verjüngung
Allgemeiner Begriff für den starken Rückschnitt eines Gehölzes zur Verringerung der Größe.

Volldünger
Mineraldünger, der die wichtigen Nährelemente Stickstoff (N), Phosphor (P) und Kalium (K) enthält. Darüber hinaus enthalten Volldünger oft noch Spurenelemente.

Wurzelhals
Ubergangszone zwischen Wurzel und Sproßachse.

Register

Abgrenzung 39, 97
Acer 104
– *campestre* 42, 105, 169
Ahorn siehe *Acer*
Allee 105
Amelanchier lamarckii 169
Antike 11f.
Anzucht 52ff.
Arkaden 44, 100, 104
Astbruch 86
Astkragen 62, 185
Astrindenleiste 61f., 184
Astschere 61f., 161f.
Aststumpf 62
Auflockerung 49
Auskahlen 130

Auslichtung 65, 79, 84
Außenkante 95
Azalee 90
– 'Diamant' 89, 171
– 'Kermesina' 36, 89, 171

Ballen 65, 84, 154, 157, 159, 185
Ballenleinen 157
Bambusstäbe 71, 81, 85f., 112, 167
Band 84f., 167
Banks Kiefer siehe *Pinus banksiana*
Barockgarten 14f., 49
Bauerngarten 57
Baumhecken 26, 45, 169 ff., 184
Baumpfahl 84, 158
Baumsäge 61f., 161f.
Baumschere 84
Baumwände 26, 109, 169 ff.
Beispielgärten 175ff.
Berberis 42, 99
– *thunbergii* 169
Berberitze siehe *Berberis*
Bergkiefer 42
Bewässerung 96
Bewegung 28
Bezugsquellen 181
Bienenkorb 22
bizarre Formen 20, 23, 32, 65,
    78ff., 120, 124, 138, 169ff.
Blattkissen 34, 84, 88
Blattlaus 143
blühende Gehölzflächen 35, 129
blühende Hecken 103
Blüte 60, 89, 129, 132
Blütenknospen 103, 129
Bodenansprüche 54
Bodenarten 157
Bodendecker 32
Bodenluft 96
Bodentextur 156
Bodenverdichtung 141, 148, 156
Bodenvorbereitung 156f.
Bonsai 185

Bonsaipflanzen 78, 81
Buche siehe *Fagus sylvatica*
Buchsbaum siehe *Buxus*
Buchstaben 110, 115f., 138
Bügelsäge 162
Buxus sempervirens 'Bullatus' 76,
    89
– – var. *arborescens* 21, 42, 57, 62,
    64, 67, 76, 89, 91, 99, 115f., 169

Carpinus betulus 42, 57, 98f.,
    104f., 132, 136, 169
Chamaecyparis lawsoniana 99,
    124, 129, 169
Citrus 69, 117, 175
Container 185
Containerpflanzen 154f., 157
Cornus 100, 169
Cotoneaster 89, 169
Crataegus 116, 132
– *laevigatus* 'Paul's Scarlet' 42, 68,
    80, 99, 105, 169
– *monogyna* 31, 56, 64, 68, 80,
    99, 105, 169
Cupressus 129, 174

Depotdünger 118, 123, 127, 134,
    185
Dickmaulrüßler, gefurchter 143
Doppelbelastung 65
Draht 167
Drehkiefer siehe *Pinus contorta*
Dünger 135
Düngeschäden 134f.
Düngung 96, 140f.

Eibe siehe *Taxus*
Eiform 22
Eingangsbereich 32, 45
Einzelpflanze 49
Eleagnus angustifolium 169
elektrische Schneidegeräte 162ff.
Erkrankungen 143ff.

etagenförmige Figuren 23, 114
Euonymus yedoensis 169

fächerförmige Spaliere 108
Fadenwürmer siehe Nematoden
Fagus sylvatica 42, 98f., 104f., 136, 169
Feigenbaum 117
Feldahorn siehe *Acer campestre*
Felsenmispel siehe *Cotoneaster*
Feuerbrand 145
Feuerdorn 42
Fichte 124
Ficus nitida 117
Fingerstrauch 42
Flieder 42
formale Elemente 18, 49
formaler Garten 15, 20, 49f.
formbare Gehölze 169ff.
Formgehölze 12, 17f., 21, 30, 38, 46ff., 50, 153
Formschnitt 60, 118
Fraxinus excelsior 170
Freilandware 154f.
Frosthärte 56
Frosttrocknis 147

Gartenbaumschule 117
Gartencenter 69, 149, 117, 152f.
Gartengestaltung 27ff.
Gartengröße 28
Gartenschere siehe Rosenschere
Gartenteich 34
Gärtnereien 69, 152f.
Gehölzauswahl 54ff., 67ff., 79f., 89ff., 98f., 117
Gehölzflächen 20, 26, 28, 35f., 77, 89ff., 120, 126, 134, 142f., 153, 162, 169ff.
Gehölzoberfläche 37, 91f., 96, 120f., 134, 163
geometrische Formen 19, 22, 31f., 65, 74f., 137, 169ff.

geometrische Grundform 67ff., 70, 121ff.
Geräte 160ff.
Geschichte 11ff.
Gestaltung 52ff., 58ff., 67ff., 81ff., 97ff., 104ff.
Gestaltungsschnitt 60ff., 63, 95, 100ff., 185
Gewächshaus 119
Gewürze 117
Gießrand 70, 101, 112, 146, 158f.
Glossar 185
Groß-Bonsais 20
großblättrig 57, 68
Grundformen 20ff., 100
Grundregeln 58ff.
Habitus 186
Hainbuche siehe *Carpinus betulus*
Hecken 13, 26, 29, 39ff., 97ff., 129ff., 138, 162, 169ff., 185

Heckenarten 42
Heckenkirsche siehe Lonicera
Heckenschere 84, 92, 118, 126, 160f.
Heister 99, 185
Herbizid 142, 185
Hilfsmittel 160ff.
Hochstamm 22f., 76f., 185
Hochstammkugel 43
Höhung 28
Holzbehälter 164f.
Hydrangea petiolaris 170

Ilex 17, 42, 57, 62, 64, 68
– *aquifolium* 170
– *crenata* 26, 57, 68, 91, 95, 127
– 'Convexa' 89,
– 'Green Lustre' 89, 91, 170
– 'Rotundifolia' 170
– 'Stokes' 89, 170
– *meservae* 170
Ilex-Minierfliege 143

Immergrüne 56, 98, 146f.
Inhalt 7ff.

Japanische Gärten 19, 53
Japanische Kiefer 23, 32, 81ff.
Japanischer Ahorn 39, 62, 80
Japanischer Ilex siehe *Ilex crenata*
Jerseys-Kiefer siehe *Pinus virginiana*
Johannisbeere 42
Jungpflanze 58
Juniperus communis 170

Kanten 123, 127
Kantenschere 160f.
Kauf 53, 79
Kaufkriterien 153ff.
Kegel 22, 70ff., 120, 123, 132
Kegelstumpf 23
Kiefer siehe *Pinus*
Kiefernhecke 131f., 138f.
Kiefernnadelscheiden – Gallmücke 144
Kiefernschütte 144
Kieferntriebwickler 144
Kirschlobeer siehe *Prunus laurocerasus*
Klebeband 86
Klebsame 46, 117
kleinblättrig 57, 68
kleine Flächen 49
Knospe 61, 63, 76, 124, 136
Knotenhecken 14, 26, 43, 100, 103, 135
Kombination 38, 77
Kompost 121, 135, 140
Koniferen 61, 186
Konkurrenz 38, 77
Kontraste 30, 38
Kornelkirsche siehe *Cornus*
Korrekturschnitt 65
Krankheitsresistenz 55
Kreisregner 96

Kronenaufbau 77
Krummholzkiefer 75
Kübelpflanzen 117ff.
Kugel 20, 22, 70f., 123
Kugel, flache 75
Kugelkiefer 75
Kunststoffbehälter 164
Kurztriebe 132

Landschaftsgarten 15, 17, 49
Langtriebe 132
Langzeitdünger siehe Depotdünger
Lantana camara 174
Larix 170
laubabwerfend 98
Laubgehölze 61, 86f., 126
Laurus nobilis 46, 68, 117f., 174
Lavandula 46, 68, 117
– *angustifolia* 117
– *stoechas* 117
Lavendel siehe *Lavandula*
Lebensbaum siehe *Thuja*
Leittrieb 71, 77, 100, 104, 106, 108, 114, 153
Licht 37, 70, 141, 149
Lichtmangel 59, 96
Liguster siehe *Ligustrum*
Ligustrum 42, 68, 99, 170
Linde siehe *Tilia*
Literatur 184
Lonicera 42, 99, 170
Lorbeer siehe *Laurus nobilis*

Mädchenkiefer siehe *Pinus parviflora*
Malus 'Evereste' 80, 170
– 'Tina' 80, 170
– *sargentii* 142
– *serotina* 80
– *sylvestris* 170
Maschendrahtgestell 70, 74f.
mediterrane Gehölze 117
Mehltau, Echter 145

mehrjähriges Holz 62ff., 124
Meßlatte 73
Mikroklima 96, 137, 159, 185
Mindesthöhe 104
Mineraldünger 135
Mispel 42, 116
Mulchen 142, 158, 185
Myrte siehe *Myrtus communis*
Myrtus communis 68, 117, 174

Nährstoffe 118, 121, 140, 156
Nematoden 143, 185
Nerium oleander 117, 175
Neuanlage 47ff.
nicht-winterharte Gehölze 46
nützlingsschonend 187

Oberfläche 76
Obstgehölze 26, 52, 105, 132
Oleander siehe *Nerium oleander*
organische Dünger 140
ornamentale Hecken 42f.
Osmanthus 174

Parterre 14, 26, 43, 100, 103, 130, 135
Parterregarten 14
Pestizid 142, 187
Pflanzabstände 93ff., 99f., 109
Pflanzbehälter 164ff.
Pflanzenkauf 149ff.
Pflanzenschutz 141ff.
Pflanzkübel 45
Pflanzung 148ff.
Pflanzzeitpunkt 155f.
Pflege 96, 120ff.
Pflegeaufwand 36, 120
Pflegeschnitt 70, 94, 101, 103, 112, 120ff., 186
Phantasieformen 13, 23
Phillyrea angustifolia 174
Picea 124
Pilzerkrankung 127

Pinus 27, 32, 47, 57, 75, 121, 124
– *banksiana* 80
– *contorta* 80, 171
– *mugo* 34, 171
– *nigra* 80
– *parviflora* 80, 171
– *sylvestris* 34, 79f.
– 'Norwegen' 79f.
– 'Watereri' 80
– *virginiana* 80
Pittosporum 46, 174
– *tenuifolium* 117, 174
Platane siehe *Platanus*
Platanus 79, 105
Plumbago auriculata 174
Portal 44f.
Positionieren von Ästen 84f., 111
Profilschablone 131
Prunus laurocerasus 42, 171
– *spinosa* 42, 171
Pyramide 20, 22, 69f., 73, 123
Pyramidenstumpf 23, 74f.

Quader 22f., 73, 123

Raumachsen 29
Reitertriebe 84, 186
Renaissance 13f.
Renaissancegärten 12, 49
Rhamnus 172
Rhododendron 17, 42, 90, 95, 98, 171
– 'Cunningham's White' 103
– 'Kermesina' siehe *Azalea* 'Kermesina'
Rhythmik 29
Ribes alpinum 171
Rindenmulch 142, 186
Rindenstruktur 79
Rosenschere 77, 84, 126, 161f.
Rosmarin siehe *Rosmarinus officinalis*
Rosmarinus officinalis 46, 69, 117, 174

Rotbuche siehe *Fagus*
Rotdorn siehe *Crataegus*
Rotpustelpilz 62, 144
Rückschnitt 47, 59, 62, 65, 79, 102, 136

Santolina chamaecyparissus 174
Schäden an Formpflanzen 133ff.
Schädlinge 141f.
Schattierungsnetz 64f., 137, 139, 158f.
Scheinzypresse siehe *Chamae-cyparis*
schiefes Pflanzen 84f.
schlafende Augen 63
Schlehe siehe *Prunus spinosa*
Schneeball siehe *Viburnum*
Schneebruch 76
Schneeresistenz 76
Schneidebrett 128
Schneidewerkzeuge 58
Schnitt 57
Schnittabfall 117, 121, 127
Schnittechnik 58, 118
Schnittführung 61f.
Schnitthäufigkeit 64, 121
Schnittverträglichkeit 54, 57, 62f.
Schnittwunden 62
Schwarzkiefer siehe *Pinus nigra*
Schwertsäge 162
Seitenäste 77, 108
Sichtschutz 39
Sommergrüne 56
Spalier 34f., 45, 116, 169ff.
Spaliergehölze 26, 105ff., 132
Spannung 30
Spezialformen 23, 34f., 124, 138
Spierstrauch 42
Spinnmilben 145
Spiralen 23, 113f.
Spritzschäden 133
Stamm 77, 79, 84f., 154
Stammhöhe 105

Standort 48, 65, 70, 78, 94, 148f., 158
Statik 31
Stauden 32
Staunässe 34, 141, 144, 186
Stechpalme siehe *Ilex*
Stilmittel 28
Substrat 118, 154
Subtropische Formpflanzen 46f., 174
Symmetrie 59, 70, 73, 75f., 153

Taxus baccata 21f., 42, 57, 62, 64, 67, 70, 89, 99, 104, 116, 172
– media 99
Teich siehe Gartenteich
Terrakotta 32, 45, 164ff., 186
Terrasse 45
Teucrium chamaedrys 174
Thuja 61, 99, 124, 129, 172
Tierfiguren- und formen 13, 23, , 110ff., 138
Tilia 105, 132, 172
Topfpflanzen siehe Kübelpflanzen
Torbogen 44f., 100, 104
Transpiration 186
Triebspitze 61
Trittschäden 43, 135f.
Trockenschäden 121
tropische Formpflanzen 46f., 174
Tsuga canadensis 172
– *heterophylla* 172

Umgestaltung 64ff., 102, 133
Unkraut 96
Ursprünge 11, 49
UV-Stabilität 164

Varietät 186
Vegetationsruhe 187
Vegetatives Wachstum 187
Verdichtung siehe Bodenver-dichtung

Verdunstung 146f.
Verjüngung 60, 187
Verjüngungsschnitt 57, 120f., 136ff.
Verpflanzung 65, 139, 155
Versailles 15
Verwendung 28
Verzierung 43, 100
Viburnum 42, 68, 103, 172
Vogelschutz 42, 130
Volldünger 136, 140, 187

Waldkiefer siehe *Pinus sylvestris*
Wassermangel 141, 146, 159
Wasserverbrauch 37
Wasserversorgung 146f.
Wege 37, 44, 50
Weißbuche siehe *Carpinus*
Weißdorn siehe *Crataegus*
Wildhecken 97
Wildkräuter 142
Wildverbiß 133, 135
Windbruch 133f., 156
Wintergarten 117, 119
Wölbung 28
Wolläuse 144
Wuchsstärke 54
Wundverschlußmittel 62
Würfel 23, 73
Wurzelbildung 96
Wurzelhals 187

Zierapfel 31, 42, 80, 116, 129
Ziffern 110, 115f., 138
Zimmerpflanzen 47
Zitrus siehe *Citrus*
Zylinder 22, 70f., 123
Zypresse siehe *Cupressus*

Bildquellen

Andreas Bärtels, Waake: Seite 16, 18, 21, 24 links unten, 33, 105 unten.
Rolf Blancke, Westerstede: Seite 20, 57, 60, 75, 76, 78/79, 80, 82 (3), 83 (5), 87 (3), 89, 90, 91, 92, 94, 123, 125 (5), 126 (3), 129, 137, 146, 161, 168, 172, 173 (2).
Elke Borkowski, Dortmund: Seite 12, 14, 27, 51, 101, 106/107, 122, Umschlagrückseite oben rechts.
Ursel Borstell, Essen: Seite 35, 39, 44, 48, 50, 68, 112, 117, 120, 150/151, Umschlagrückseite unten links u. rechts.
Michael Breckwoldt, Hamburg: Seite 69, 105 oben, 133.
Ellen Fischer, Weisenheim: Seite 8, 19, 24/25 großes Bild, 182, Umschlagrückseite oben links.
Anneliese Hoppe, Grafing: Seite 29, 30, 37, 97.
Irene Lehmann, Kippenheim: Seite 31, 98, 102, 113, 163.
Eberhard Morell, Dreieich: Seite 11, 72, 160.
Marion Nickig, Essen: Seite 46, 52, 55, 67, 93, 147, Titelbild (Hintergrund).
Hans Reinhard, Heiligkreuzsteinach: Seite 2, 5, 24 links oben, 40/41, 103, 148, 162 links, Titelbild (Vordergrund).
Wolfgang Seethaler, Pfullendorf: Seite 119, 152, 166.
Roland Ulmer, Stuttgart: Seite 110/111, 188.
Eduard Widmer, CH-Zürich: Seite 17.
Peter Wirth, Leinfelden-Echterdingen: Seite 6, 131.

Die Zeichnungen fertigte Kerstin Heß, Stuttgart, nach Vorlagen des Autors.